I0096261

www.ingramcontent.com/pod-product-compliance
Lightning Source LLC
Chambersburg PA
CBHW070030030426
42335CB00017B/2370

9781990760808

حکومت شهروندان

نظریه پرداز: ضرغام نیازی

سریال کتاب: P۲۳۴۵۳۷۰۱۲۹P
سرشناسه: NZ ۲۰۲۳
عنوان : حکومت شهروندان
پدید آورنده: ضرغام نیازی
طراح جلد: KPH Design
شابک کانادا : ISBN: ۹۷۸-۱-۹۹۰۷۶۰-۸۰-۰
موضوع: سیاسی، اجتماعی
مشخصات کتاب: Paperback
تعداد صفحات : ۶۶
تاریخ نشر در کانادا: فوریه ۲۰۲۳

Kidsocado Publishing House
خانه انتشارات کیدزوکادو
ونکوور، کانادا

تلفن: ۸۶۵۴ ۶۳۳ (۸۳۳) ۱+
واتس آپ: ۷۲۴۸ ۳۳۳ (۲۳۶) ۱+
ایمیل: info@kidsocado.com
وبسایت انتشارات: https://kidsocadopublishinghouse.com
وبسایت فروشگاه: https://kphclub.com

سلام هم زبان

دستیابی ایرانیان مقیم خارج از کشور به کتاب‌های بسیار متنوع و جدیدی که به تازگی در ایران نگاشته و چاپ می‌شوند، محدود است. ما قصد داریم این خدمت را به فارسی زبانان دنیا هدیه دهیم تا آنها بتوانند مانند شما با یک کلیک کتاب‌هایی در زمینه های مختلف را خریداری کنند و درب منزل تحویل بگیرند.

گروه KPH و یا خانه انتشارات کیدزوکادو تحت حمایت گروه کیدزوکادو این افتخار را دارد تا برای اولین بار کتاب‌های با ارزش تألیفی فارسی را در اختیار ایرانیان مقیم خارج از ایران قرار دهد.

از اینکه توانستیم کتابهای جدید و با ارزشی که به قلم عالی نویسندگان و نخبگان خوب ایرانی نگاشته شده است را در اختیار شما قرار دهیم و در هر چه بیشتر معرفی کردن ایران و ایرانیان و فارسی زبانان قدم برداریم، بسیار احساس رضایتمندی داریم.

این کتاب‌ها تحت اجازه مستقیم نویسنده و یا انتشارات کتاب صورت گرفته و سود حاصله بعد از کسر هزینه‌ها، به نویسنده پرداخته می شود.

خانه انتشارات کیدزوکادو در قبال مطالب داخل کتاب هیچگونه مسئولیتی ندارد و صرفاً به عنوان یک انتشار دهنده می‌باشد. شما خواننده عزیز، می‌توانید ما را با گذاشتن نظرات در وب سایتی که کتاب را تهیه کرده‌اید به این کار فرهنگی دلگرمتر کنید. از کامنتی که در برگیرنده نظرتان نسبت به کتاب است عکس بگیرید و برای ما به این ایمیل بفرستید. و یک کتاب بصورت هدیه از ما دریافت کنید.

ایمیل : info@kidsocado.com

فهرست مطالب

پیشگفتار

انسان برای تهیه غذا، لباس و زنده ماندن نخست شغل می‌خواهد تا کسب درآمد کند. داشتن مسکن، بهداشت عمومی، آموزش، آزادی فردی و امنیت، نیازهای بعدی انسان است. تأمین این نیازها در سرمایه‌داری بازار آزاد برای اکثر مردم امکان‌ناپذیر است. با شکست خوردن نظام کمونیستی و تک‌قطبی شدن ایدئولوژی حاکم برجهان، نظام سرمایه‌داری با تک‌تازی و خیال‌پردازی راه جهانی‌سازی سرمایه و صدور دموکراسی خود را در پیش گرفت. این نظام حکومتی با همه افت‌وخیزها و تقلا برای زنده ماندن، به سگی هفت‌جان می‌ماند، اما سگ هم بالاخره محکوم است به فنا. ظهور روبناها و رویکردهای ایدئولوژیکی نوین، بار دیگر جهانی دوقطبی ساخته است؛ تضادهای سیاسی موجود میان آمریکا، فرانسه، انگلیس و متحدان آن‌ها، ازیک‌طرف و از طرف دیگر، چین، روسیه و متحدانشان دو جبهه جدید به وجود آورده است. هر دو جبهه از نظر اقتصادی به سرمایه‌داری معتقدند، اما در روبنا و رویکرد سیاسی آن اختلاف‌نظر دارند. جبهه اول به روبنا و رویکرد دموکراتیک سرمایه‌داری معتقد است، اما جبهه دوم روبنا و رویکرد اتوکراسی [1] را در پیش‌گرفته است. هیچ‌کدام از این دو جبهه؛ خواه سرمایه‌داری بازار آزاد و خواه سرمایه‌داری دولتی، قادر به حل معضلات جوامع کنونی نخواهند بود.

"حکومت شهروندان" با ساختار سیاسی خاص خود به هیچ‌کدام از این دو تعلق ندارد، اما می‌تواند بر اساس ماهیت نظام اقتصادی خاص خود، با هر دو جبهه تعاملی سازنده و مسالمت‌آمیز داشته باشد. در ساختار حکومت‌ها، به‌طور

---

[1]- اتوکراسی در زبان فرانسه به معنی حکومت یا سلطنت فردی و استبدادی است و «اتوکرات» به معنی سلطان یا زمامدار مطلق العنان است. اتوکراسی حکومتی است که یک فرد به عنوان رهبر یا پیشوا یا رئیس جمهور و یا پادشاه در رأس آن قرار گرفته و با قدرت و اختیارات نامحدود و بدون این‌که از طرف یک مجمع انتخابی یا شورا کنترل شود امور یک کشور را براساس رأی و نظر شخصی خود رقم می‌زند. انواع سلطنت‌های مطلقه و موروثی یا حکومت‌های دیکتاتوری فردی که از طریق کودتای نظامی استقرار می‌یابند از نوع حکومت‌های اتوکرات به شمار می‌آیند.

یک‌روند قدرت از طرف قدرتمندان و ثروت‌داران از بالا به پایین اعمال‌شده است. شهروندان تاکنون حق اعمال نیازها و دیدگاه‌های خودشان را در تدوین قوانین اساسی نداشته‌اند. مردم عادی در "حکومت شهروندان" قدرت را از پایین به بالا ساماندهی خواهند کرد تا شهروندان با اشتراک و انتخاب آزاد نیازها و دیدگاه‌های خود را در قراردادهای اجتماعی بگنجانند.
چه جمهوری‌خواه، چه سلطنت‌طلب، چه کمونیست، چه سوسیالیست، چه ملی‌گرا یا پیرو هر ایدئولوژی که باشید، به‌عنوان فردی دموکرات، نمی‌توانید حق شهروندان برای تشکیل حکومت همه‌شمول خودشان را انکار کنید؛ قدرت پایدار متعلق به شهروندان است و از جمع آن‌ها برمی‌آید. سیستم‌های حکومتی ایدئولوژیک و حزبی امتحان خود را پس داده و مردود شده‌اند چون به لحاظ ماهیتی و تفکر مطلق‌گرای خود نمی‌توانند همه‌شمول باشند. تأمین رفاه عمومی نیازمند چشم‌انداز نوین جهانی است. شنا کردن خلاف جریان رودخانه‌های خروشان مشکل است، اما غیرممکن نیست.

مانیفست حکومت شهروندان مخرج مشترکی از تجربه‌های تاریخی سیاسی، اقتصادی و اجتماعی سیستم‌های گذشته است که با بیانی ساده و قابل‌فهم عموم نوشته‌شده است. این نظام نوین که برگرفته از خصلت‌های مشترک انسان‌ها است، در پی برپایی دموکراسی راستین است، متفاوت با آنچه تاکنون تجربه شده است.

قرارداد اجتماعی شهروندان

با نگاهی به قوانین اساسی سیستم‌های کنونی، در بیشتر آن‌ها یک‌روند کپی‌گرایی مشاهده می‌شود. همه آزادی فردی، مساوات در برابر قانون، عدالت اجتماعی، دموکراسی و هزاران کلمات زیبای دیگر را شعار می‌دهند، گویی که بهشتی را در زمین به وجود خواهند آورد. این قانون‌های اساسی به‌وسیله نخبگان سیاسی، اقتصادی و اجتماعی به‌فرمان قدرتمندان و ثروتمندان هر کشور برای تثبیت منافعشان نوشته‌شده‌اند. همه با روشی یکسان به‌وسیله یک مجلس مؤسسان تدوین و با آرای عموم مردم به تصویب رسیده‌اند. به‌یقین می‌توان گفت که بیشتر از نود درصد از مردمی که به این قانون‌های اساسی رأی داده‌اند، نه آن را دیده و نه آن را خوانده‌اند. درصد کمی که قانون‌های اساسی را خوانده‌اند به علت پیچیدگی نوشتار اغلب آن را نفهمیده‌اند؛ به همین دلیل قرارداد اجتماعی حکومت شهروندان به زبانی ساده و قابل‌فهم نوشته شده است.

برای ساختن یک سیستم حاکمیت جدید، نظام قدیمی باید به‌صورت تدریجی اصلاح و بازسازی شود. براندازی یک حکومت با روش قهرآمیز انقلابی باعث تخریب، کشت و کشتار و ناامنی می‌شود. جانشینی حکومت قدیم باید در یک قرارداد اجتماعی عادلانه و همه‌شمول شهروندان شکل گیرد. سیستم سیاسی و اقتصادی "حکومت شهروندان" به هیچ‌یک از ساختارهای شناخته‌شده دولتی، ایدئولوژیکی یا مذهبی محدود نیست.

ساختار این حکومت بر مبنای نیازهای انسانی در قرن بیست و یکم با استفاده از تجربه‌های تاریخی طراحی می‌شود. تاریخ نشان داده است که حکومت‌های ایدئولوژیک از طریق تک‌حزبی و یا چندحزبی در حل معضلات انسانی برای دستیابی به یک رفاه نسبی جمعی ناموفق بوده‌اند. علت این ناموفقیتی در چیست؟ احزاب سیاسی نمایندگی یک طبقه یا یک قشر را عهده‌دار هستند

که باعث نا هم آهنگی سیاسی و اقتصادی در هر جامعه‌ای می‌شوند. این ناهماهنگی دلیل و علت تسلط اقتصاد بر سیاست شده است.

"حکومت شهروندان" بر وحدت انحلال ناپذیر مردم کشور استوار می‌باشد که غیرقابل‌تفکیک است، حکومتی که تابع قانون است، که از بالاترین ارزش‌های نظام حقوقی، آزادی، عدالت، برابری نسبی و کثرت‌گرایی دفاع می‌کند. حاکمیت ملی متعلق به شهروندان است، که از قدرت آنان برمی‌آید. این حکومت در اعمال حاکمیت خود قصد دارد با ایجاد امنیت، جامعه‌ای با عدالت و آزادی و برابری نسبی تأسیس کند و بهزیستی شهروندان کشور را ارتقا بخشد. قوانین پایه‌ای این قرارداد اجتماعی بازتابی از نسبیت‌گرایی است که بر مبنای خصلت‌های انسانی بناشده است.

اصول پایه‌ای قانون اساسی شهروندان

۱. تمام شهروندان و مقامات دولتی به‌طور یکسان زیر پوشش مقررات قانونی شهروندی هستند، هیچ‌کسی بالاتر از قانون نیست.

۲. در حکومت شهروندان هیچ مقامی انتصابی و یا مادام‌العمر نیست.

۳. زنان و مردان در برابر قانون از حقوق مساوی برخوردارند.

٤. حامله شدن و نوع پوشش زنان بر اساس خواست شخصی آن‌هاست و دولت حق دخالت در آن را ندارد.

٥. به‌فرمان این منشور، بت‌پرستی برای همیشه در ایران ممنوع خواهد بود. عکس رهبران هرگز نباید بر روی نهادهای دولتی آویزان و یا روی پول رایج کشور چاپ شوند.

٦. هیچ دینی بر دین دیگر برتری ندارد، همه ادیان برابرند و هیچ بودجه‌ای از طرف دولت به آن‌ها تخصیص داده نخواهد شد. شهروندان در انتخاب دین بر اساس اعتقادات شخصی خود آزادند.

۷. کمیسیون مسئول انتخابات شکل هیبریدی[1] خواهد داشت، هزینه‌های انتخاباتی باید از بودجه عمومی دولت تأمین شوند، کاربرد هرگونه بودجه خصوصی برای هزینه انتخابات غیرقانونی است

[1] hybrid voting system

۸. حکومت شهروندان قبل از هر انتخابات با گرفتن یک آزمون عمومی شناخت و استعداد رأی‌دهندگان را سنجیده و درجه‌بندی می‌کند.

۹. حکومت شهروندان عدم مداخله در امور داخلی هر کشور مستقل دیگر را ضمانت می‌کند.

۱۰. دولت‌های ملل دیگر که حاکمیت آن‌ها توسط مردمشان پذیرفته‌شده است به رسمیت شناخته می‌شوند.

۱۱. معاهدات بین‌المللی که توسط مجلس کشور تصویب شود اجرائی و قابل‌احترام هستند.

۱۲. نیروهای مسلح کشور، متشکل از نیروی زمینی، نیروی دریایی و نیروی هوایی، تضمین‌کننده استقلال کشور و دفاع از تمامیت ارضی آن هستند. این نیروها حق دخالت در مسائل داخلی کشور را نخواهند داشت.

۱۳. پلیس و نیروهای امنیتی خدمتگزار شهروندان هستند و نه ابزاری برای سرکوب و تبعیض.

۱۴. دست‌بوسی و چاپلوسی از مقام‌های دولتی به‌طور عموم، به‌ویژه برای پیشبرد منافع شخصی پیگرد قانونی دارد.

۱۵. دروغ‌گویی و تهمت پراکنی برای پیشبرد منافع شخصی در صورت اثبات پیگرد قانونی دارد.

١٦. اعضای مجلس‌ها و مدیران دولتی باید با نام آن‌ها مورد خطاب قرار گیرند نه با عناوین حرفه‌ای آن‌ها مانند جناب دکتر، جناب مهندس و غیره.

١٧. همه کسانی که به‌طور قانونی واجد شرایط رأی دادن هستند حق انتخاب شدن را هم دارند.

١٨. دولت حق رأی کسانی را که خارج از قلمرو آن زندگی می‌کنند، تضمین می‌کند.

١٩. آزادی و برابری افراد و گروه‌هایی که به آن‌ها تعلق دارند تضمین شده و باید واقعی و مؤثر باشد.

٢٠. قوانین شهروندی اصل حقوق فردی و برابری جنسیتی را تضمین می‌کند.

٢١. پاسخگویی مقامات دولتی به نقض حقوق فردی و جمعی شهروندان تضمین می‌شود.

٢٢. هیچ‌کس نباید به خاطر زادگاه، نژاد، جنسیت، مذهب، و هرگونه شرایط شخصی دیگر مورد تبعیض قرار گیرند.

٢٣. هر فردی حق زندگی، سلامت جسمی و اخلاقی دارد، به‌هیچ‌عنوان نباید تحت شکنجه، مجازات، رفتار غیرانسانی و تحقیرآمیز قرار گیرد.

٢٤. مجازات اعدام افراد مجرم توسط این قرارداد شهروندی لغو می‌شود.

۲۵. آزادی افراد در انتخاب مذهب و حق عبادت فردی تضمین می‌شود.

۲۶. سن بزرگسالی هجده‌سالگی است با حقوق و وظیفه در برابر قانون.

۲۷. تا زمانی که فرد در دادگاه قانون محکوم نشده باشد بی‌گناه است.

۲۸. هر شخص حق آزادی و امنیت دارد هیچ‌کس را نمی‌توان از آزادی خود محروم کرد.

۲۹. بازداشت افراد به خاطر شک به جرم نباید بیش از مدت‌زمان موردنیاز تحقیقات لازم برای اثبات واقعیت‌ها طول بکشد. شخص دستگیر شده باید فوراً و به روشی قابل‌فهم از دلایل دستگیری وی و حقوق قانونی‌اش مطلع شود و مجبور به اقرار و امضای هیچ اظهارنامه‌ای بدون حضور یک وکیل نمی‌باشد.

۳۰. مقامات امنیتی و قضایی مسئول سلامت جسمی و روانی هر شخص دستگیر شده هستند.

۳۱. رشوه‌خواری، برای فرد رشوه دهنده و دریافت‌کننده به‌طور یکسان پیگرد قانونی دارد.

۳۲. قوانین قرارداد شهروندی محدود به هیچ مذهب و ایدئولوژی نیستند، بنابراین کشور زندانیان سیاسی یا مذهبی نخواهد داشت.

۳۳. خانه یک محدوده شخصی است، بدون حکم قانونی دادگاه و یا رضایت سرنشین، ورود به آن غیرقانونی می‌باشد.

۳٤. محرمانه بودن ارتباطات بخصوص ارتباطات پستی، تلگرافی و تلفنی، برنامه‌های اینترنتی تضمین می‌شود.

۳۵. شهروندان حق‌دارند که محل زندگی خود را آزادانه انتخاب کنند و به‌طور آزادانه در داخل قلمرو ملی حرکت کنند، به همین ترتیب، آن‌ها حق دارند آزادانه وارد کشور شوند و کشور را ترک نمایند.

۳٦. حقوق زیر به رسمیت شناخته می‌شود:

حق ابراز عقیده فردی از طریق نوشتار یا هر وسیله ارتباطی دیگر - حق تولید و آفرینش ادبی، هنری، علمی و فنی - دانشگاه محل یادگیری و تفکر است. این مکان متعلق به اساتید و دانشجویان است. بدون اجازه آن‌ها، پلیس یا نیروی امنیتی دیگری اجازه ورود به این محل را ندارد - حق ارتباط آزادانه دریافت اطلاعات دقیق از طریق هرگونه انتشارات اطلاعاتی بدون محدودیت - حق حفظ حریم و آبروی شخصی همه شهروندان بدون محدودیت جنسی، سنی، مذهبی و یا نژادی.

۳۷. مصادره نشریات و سایر رسانه‌های اطلاعاتی در صورت انتشار دروغ و تبعیض نژادی با دستور یک دادگاه قابل‌اجرا است.

۳۸. مکانی که ضد علم است و در آن درس دینی تدریس می‌شود را نباید حوزه علمیه نامید.

۳۹. حق اعتراضات اجتماعی مسالمت‌آمیز برعلیه دولت به رسمیت شناخته می‌شود.

٤۰. حق دسترسی به شغل‌های دولتی با شرایط مساوی برای همه شهروندان به رسمیت شناخته می‌شود.

٤۱. هیچ‌کس را نمی‌توان به خاطر تخلفی که در حکومت قبلی غیرقانونی نبوده دادگاهی و محکوم کرد، مگر به جرم قتل‌های سیاسی مرتکب شده.

٤۲. مجازات حبس باید باهدف توان‌بخشی زندانیان برای ادغام مجدد آن‌ها در جامعه باشد، شخص محکوم به زندان باید در طول مدت زندان از حقوق قانونی و انسانی برخوردار باشد.

٤۳. تشکیل فرقه‌های مخفی به‌طور عام به‌ویژه ایجاد گروه‌های ایدئولوژیک و یک شبه نظامی.

بهداشت و آموزش

٤٤. سلامت و آموزش از حقوق پایه‌ای انسانی هستند، بهداشت عمومی برای شهروندانی که قادر به پرداخت هزینه آن نیستند رایگان است.

٤٥. مراقبت از دهان و دندان کودکان تا هجده‌سالگی رایگان است.

٤٦. دندانپزشکی عمومی برای شهروندانی که قادر به پرداخت هزینه آن نیستند رایگان است.

۴۷. حق فردی برای مرگ شرافتمندانه از طریق اتانازی به رسمیت شناخته می‌شود.

۴۸. تبادل اعضای زنده بدن انسان بین دو فرد به رسمیت شناخته می‌شود.

۴۹. خریدوفروش اعضای زنده بدن انسان ممنوع است و پیگرد قانونی دارد.

۵۰. تولید و مصرف مواد مخدری مانند هروئین، آمفتامین و غیره که از ترکیبات شیمیایی در لابراتوار ساخته می‌شوند ممنوع است.

۵۱. کاشت خشخاش، ماری‌جوانا و محصولات مشابه جهت استفاده دارویی و تفریحی قانونی است. این محصولات زیر نظر دولت کشت، کنترل، قیمت‌گذاری و توزیع می‌شوند.

۵۲. - تولید و خریدوفروش مشروبات الکلی زیر نظارت سازمان بهداشت دولت قانونی است.

۵۳. احداث بیمارستان‌ها و کلینیک‌های خصوصی مجاز است، ولی حق دریافت یارانه دولتی را ندارند.

٥٤. والدین مسئول آموزش و تربیت خانوادگی فرزندان خود در خانه می‌باشند - آموزش عمومی در مدارس باید تکمیل‌کننده آموزش خانوادگی باشد نه جایگزین و جبران‌کننده آن.

٥٥. آموزش ابتدایی و متوسطه اجباری و رایگان است. حق آموزش عالی برای همه شهروندان تضمین می‌شود.

٥٦. حق معلمان برای آموزش تکمیلی تربیت خانوادگی به رسمیت شناخته‌شده است.

٥٧. معلمان، والدین و دانش آموزان در کنترل و مدیریت کلیه مراکز آموزشی حق مشارکت دارند.

٥٨. آموزش عالی برای فرزندان خانواده‌هایی که نمی‌توانند هزینه آن را بپردازند رایگان است.

٥٩. آموزشگاه‌های عالی خصوصی باید پیرو برنامه آموزش عمومی‌باشند، این مراکز خصوصی حق یارانه دولتی را ندارند.

٦٠. شهروندان وظیفه‌دارند که از کشور در برابر هرگونه تهاجم خارجی دفاع کنند، قانون باید این تعهدات را تعیین کند.

٦١. تعلیم و شرکت در سرویس ملی در صورت بروز یک فاجعه عمومی، مثل سیل، زلزله، آتش‌سوزی و غیره الزامی است.

۶۲. حق قومیت‌های مختلف برای ایجاد انجمن‌های فرهنگی به رسمیت شناخته شود.

اصول اقتصادی:

۶۳. بودجه دولت برای بهداشت و آموزش‌وپرورش بر مبنای جمعیت هر منطقه تعیین خواهد شد، این امر غیرقابل تغییر است.

۶۴. ایجاد مرکز مالی محلی شهروندان در یک شهر یا محله به‌عنوان ستون فقرات اقتصاد کشور امری ثابت و غیرقابل تغییر است. مرکز مالی توسط شهروندان محلی به‌عنوان یک‌نهاد خصوصی تنظیم و اداره می‌شود.

۶۵. ایجاد رفاه اجتماعی برای همه شهروندان به‌طور عموم، به‌ویژه در شرایط سخت و بیکاری تضمین می‌شود.

۶۶. به‌فرمان این قرارداد اجتماعی ایجاد بهابازارهای مالی در کشور غیرقانونی است.

۶۷. در صورت ورشکستگی بانک‌های خصوصی، دولت ضرر آن‌ها را جبران نخواهد کرد.

۶۸. دستمزد حقوق‌بگیران خصوصی و دولتی با توجه به قدرت خرید تعیین می‌شود.

٦٩. حق اتحادیه‌های صنفی برای ایجاد صندوق‌های مالی به رسمیت شناخته می‌شود، مشروط به سرمایه‌گذاری در خزانه‌داری کشور، صنعت و کشاورزی.

۷۰. برای عملکرد یک شغل معین باید به زن و مرد دستمزدی یکسان داده شود.

۷۱. پرداخت مالیات بر معاملات مالی و بانکی توسط دولت تنظیم می‌شود.

۷۲. مشارکت بین شرکت‌های ملی و خارجی تضمین می‌شود، به‌شرط عدم ثبت شرکت در بهابازارهای نوسانی.

۷۳. مشارکت بین شرکت‌های دولتی و خصوصی در داخل کشور تضمین می‌شود، به‌شرط عدم ثبت شرکت در بورس‌های نوسانی، تشکیل مراکز آموزش حرفه‌ای و شغلی در هر مشارکتی الزامی است.

۷٤. دولت سرمایه‌گذاری خارجی را در کشور به رسمیت شناخته و برگشت سرمایه را به سرمایه‌گذاران تضمین می‌کند.

۷٥. هیچ‌کس را نمی‌توان از اموال خود محروم کرد، مگر به دلیل الزامی خدمات عمومی و منافع اجتماعی، با جبران مالی مناسب طبق قانون.

۷۶. تشکیل شرکت‌های غیرانتفاعی در چارچوب سیستم اقتصاد دولتی به رسمیت شناخته می‌شود.

۷۷. گمانه‌زنی و احتکار به‌طور عموم و خصوص در نیازهای اساسی مانند غذا، پوشاک و مسکن غیرقانونی است.

۷۸. انتقال سرمایه ملی و خصوصی به هر بهشت شناخته‌شده مالیاتی ممنوع است.

۷۹. برای ایجاد کار دولت وام‌های مالی مناسب را برای شرکت‌های تولیدی در بخش‌های صنعتی، کشاورزی و انرژی‌های بازیافته تضمین می‌کند.

۸۰. دولت باید برای حفظ عدالت اجتماعی، ثروت ملی را برای رفاه نسبی شهروندان هزینه کند.

۸۱. سرمایه‌گذاری دولتی برای ایجاد کار به‌ویژه تحقیقات علمی و پژوهش‌های نوآوری در تکنولوژی تضمین می‌شود.

۸۲. جامعه حق دارد که از یک محیط‌زیست تمیز و مناسب برای زندگی سالم برخوردار باشد.

۸۳. استفاده صحیح از منابع طبیعی و احیای محیط‌زیست تضمین می‌شود، همچنین گرم شدن کره زمین به رسمیت شناخته می‌شود.

۸٤. علاوه بر ثروت ملی و طبیعی کشور، شهروندان باید از طریق یک سیستم مالیاتی عادلانه در حفظ هزینه‌های عمومی به‌تناسب درآمد خود مشارکت کنند.

۸٥. حمایت اجتماعی، اقتصادی و حقوقی کودکان بدون درنظرگرفتن وضعیت تأهل مادران تضمین می‌شود.

۸٦. حق تشکیل بنیادها برای اهداف عمومی از طریق سازمان‌های غیرانتفاعی به رسمیت شناخته می‌شود.

۸۷. مالکیت خصوصی همه شهروندان و حق وراثت به رسمیت شناخته می‌شود.

۸۸. فوتبال به‌عنوان یک مذهب جدید اشاعه پیدا کرده است و تمام سیاستمداران دنیا از اصطلاحات فوتبالیستی استفاده می‌کنند، استفاده از این ترم‌ها ممنوع است.

۸۹. دفاع شخصی برای حفظ جان و مال فردی قانونی است.

۹۰. ایجاد سازمان‌های ایدئولوژیک و شبه‌نظامی غیرقانونی است.

ساختار سیستم حکومتی

مجلس عام، مجلس خاص، دولت اجرایی ، مجلس منطقه‌ای

در حکومت شهروندان احزاب ایدئولوژیک جایی نخواهند داشت در عوض اتحادیه‌های کارگری، کارمندی، صنفی و مدنی در سراسر کشور ایجاد می‌شوند. این اتحادی‌ها جایگزین احزاب ایدئولوژیک خواهند شد. در حکومت شهروندان تمام لایه‌های جامعه در سیاست‌گذاری کشور شرکت خواهند داشت. احزاب سیاسی بر مبنای ایدئولوژی خود در رابطه با منافع یک طبقه در جامعه عمل می‌کنند به لحاظ ماهیتی، و تفکر مطلق‌گرای خود نمی‌توانند همه‌شمول باشند. اتحادیه‌ها در رابطه با فعالیت‌های تولیدی و خدماتی تشکیل و کلاسه‌بندی می‌شوند. تعیین زیرمجموعه و نوشتار اساسنامه مناسب به عهده خود اتحادی‌ها واگذار می‌شود. منتخبین این اتحادی‌ها نمایندگی واقعی شهروندان را در حکومت به عهده خواهند داشت. تعداد نمایندگان اتحادی‌ها در رابطه با تعداد اعضای هرکدام از آن‌ها تعیین می‌شود. این نوع سازمان‌دهی قدرت سیاسی را به‌طور نسبی در بین همه شهروندان توزیع خواهد کرد

مجلس عام

این مجلس بالاترین مرجع حکومت شهروندان است. در تضاد با حکومت‌های تاریخی که قدرت را از بالا به پایین تحمیل می‌کردند، قدرت را از پایین به بالا ساماندهی می‌کند. مجلس عام قدرت مطلق بلامنازع تمام شهروندان کشور را

نمایندگی می‌کند. این مجلس متعهد، مسئول جوابگویی در مقابل شهروندان است و تنها قدرت کاربرد و تجدیدنظر در منشور قرارداد اجتماعی می‌باشد. تعداد نمایندگان مجلس عام متناسب با جمعیت کل کشور تعیین می‌شود.

مجلس عام در زیر یک سقف"حکومت شهروندان"را ساماندهی کرده و اداره می‌کند. مجلس عام نمایندگان مجلس خاص و دولت اجرائی را از اعضای خود انتخاب خواهد کرد. اعضای مجلس خاص و دولت اجرائی بر مبنای شایستگی غربال‌شده به این عضویت ارتقا می‌یابند. در انتخاب نمایندگان شایستگی نامزدهای انتخاباتی در نظر گرفته می‌شود تا جایی برای تبعیض جنسیتی، نژادی، مذهبی یا هرگونه تبعیض دیگر باقی نگذارد. برای تداوم کارایی مجلس عام انتخابات عمومی هرهفت سال یکبار برگزار می‌شود. مجلس عام توسط یک کمیته مرکزی رهبری و اداره می‌شود.

اعضای مجلس عام حق شرکت مکرر در انتخابات را دارند، مگر در مورد ارتکاب جرم اثبات‌شده در دادگاه قانون. اعضای دولت اجرایی و مجلس خاص می‌توانند تا پایان‌ترم انتخاباتی در قدرت بمانند، مشروط به کسب رأی اعتماد ادواری و سالانه از طرف مجلس عام. اعضای مجلس عام در صورت تخلف در معرض استیضاح و رأی اعتماد سریع و بی‌وقفه قرار می‌گیرند. در صورت محکوم شدن، حق شرکت در انتخابات مجلس عام را برای همیشه از دست خواهند داد. تعداد نمایندگان متناوب مجلس عام باید با تعداد کل اعضای تشکیل‌دهنده مجلس خاص و ارگان اجرایی برابر باشد. وقتی‌که اعضای مجلس خاص و کابینه اجرایی انتخاب و منصوب می‌شوند، نمایندگان متناوب جایگزین آن‌ها شده تا تعداد اعضای مجلس عام یکسان بماند.

کمیسیون انتخاباتی طبق شرایطی که در قانون انتخابات پیش‌بینی می‌شود مسئول گواهی انتخابات و اعتبارنامه‌های اعضای مجلس عام است. مجلس عام

شورایی بنام (نهاد دائم مجلس) تشکیل می‌دهد که تعداد آن به نسبت تعداد نمایندگان کل مجلس انتخاب می‌شوند. ریاست نهاد دائم مجلس به عهده رئیس مجلس عام یا معاون اوست، درصورتی‌که مجلس عام منحل یا مدت دوره آن منقضی شده باشد، حفظ اختیارات آن به نهاد دائم مجلس محول می‌شود. نهاد دائم مجلس تا زمان تشکیل مجلس عام جدید به انجام وظایف تعیین‌شده در قانون ادامه خواهد داد. هنگامی‌که مجلس عام جدید تشکیل می‌شود، نهاد دائم در مورد تصمیمات اتخاذی خود به مجلس جدید گزارش خواهد داد. وقتی‌که مجلس عام منحل یا مدت دوره آن منقضی شده باشد، انتخابات عمومی فراخوان می‌شود، این پروسه نباید بیشتر از یک ماه به طول بیانجامد. نهاد دائم مجلس مسئول انتخاب اعضای کمیسیون‌های مختلف مجلسان خواهد بود. ترکیب کمیسیون‌ها باید حالت هیبریدی داشته باشند که از اعضای مجلس عام و مجلس خاص تشکیل شوند. کمیسیون‌ها در رابطه با تعداد و فعالیت هر وزارت خانه دولتی تشکیل می‌شوند. چنانچه بعضی از نمایندگان در حوزه محوله کمیسیون خود کارشناس حرفه‌ای نباشند، نهاد دائم می‌تواند از کارشناسان بیرونی استفاده کند. اعضای مجلس عام در اجرای وظایف خود از آزادی بیان نامحدود برخوردار خواهند بود، در صورت ارتکاب جرم از امر بازداشت قانونی مصون نخواهند بود.

مجلس عام احکام حقوق دریافتی اعضای مجلسان، ارگان اجرایی، کارکنان و سایر اعضای دفتر خود را تعیین می‌کند. جلسات مجلس توسط رئیس یا معاون او تاریخ‌گذاری و اجرا خواهد شد.

مجلس عام به‌طورمعمول جلسه خواهد شد: مجلس ممکن است بنا به درخواست دولت یا نهاد دائم مجلس جلسات فوق‌العاده تشکیل دهد. جلسات فوق‌العاده باید با دستور جلسه مشخص تشکیل شود. متن دستور جلسه توسط کمیته‌های مختلط متشکل از نمایندگان مجلس عام و مجلس خاص تنظیم و

ارائه خواهد شد. لوایح دولتی یا غیردولتی، پیشنهاد قوانین و بودجه در جلسات علنی موردبحث و تبادل‌نظر قرار گرفته و تصویب می‌شوند، حضور نمایندگان در هنگام احضار مجلس الزامی است.

مجلس خاص

اعضای این مجلس از نمایندگان مجلس عام بر مبنای شایستگی غربال‌شده انتخاب‌شده‌اند. تعداد نمایندگان آن متناسب با تعداد اعضای مجلس عام انتخاب می‌شود. مجلس خاص مسئول تصویب قوانین و بودجه ارگان دولت اجرایی و کنترل عملکرد آن است. رئیس مجلس و کمیته‌های مختلف آن از طریق رأی‌گیری مستقیم تعیین می‌گردند. بودجه پیشنهادی دولت بعد از تصویب در مجلس خاص باید برای تأیید نهائی به مجلس عام ارجاع شود.

یک کمیته ویژه قضایی ترکیبی متشکل از حقوقدانان مجلس عام و مجلس خاص تشکیل می‌شود که مسئول انطباق و اعمال قوانین کشور خواهد بود. تشکیل یک کمیته تحقیقی راهبردی مستقل برای یافت موضوعاتی که می‌تواند منافع عمومی را ارتقا دهد الزامی است.

توافقات مجلس به شیوه قانونی با رأی اکثریت اعضای آن مطابق با دستورات دائمی اتخاذ می‌شوند. مجلس خاص می‌تواند اختیار تصمیم‌گیری در موضوعات فوری را به دولت تفویض کند. تفویض قدرت باید صراحتاً برای یک موضوع مشخص و با محدودیت زمانی معین برای اجرای آن به دولت واگذار شود. مدت تفویض زمانی منقضی می‌شود که دولت از طریق انتشار آیین‌نامه مربوطه از آن استفاده کند. نمی‌توان این اختیار تفویضی را به‌صورت ضمنی یا برای مدت نامعین اعطا کرد. اختیار تفویضی باید دقیقاً هدف و محدوده تفویض و نیز اصول و معیارهایی را که در اجرای آن رعایت می‌شود، مشخص کند.

کمیسیون قضایی و دادگاه‌های کشور مسئول اعمال اصول اساسی قانون‌ها هستند و در هیچ موردی اختیار اصلاح قوانین را ندارند مگر با تفویض قدرت از طرف مجلس خاص برای وضع مقررات در صورت نیاز فوق‌العاده و فوری. مقرراتی که حاوی قدرت تفویضی هستند تا تأیید نهایی آن‌ها توسط مجلسیان به‌عنوان قوانین موقت اجرا می‌شوند.

ابتکار قانون‌گذاری بر اساس منشور قانون شهروندان و احکام دائمی آن به مجلس خاص تعلق دارد. در صورت پیشنهاد یک ابتکار مردمی برای وضع یا تغییر یک قانون، امضای معتبر یک میلیون نفر از تقاضاکنندگان الزامی است. این ابتکار در مورد مسائل مربوط به مالیات، امور بین‌المللی یا حق عفو مجاز نخواهد بود.

لوایح موقت تصویبی هیئت وزیران با ضمیمه بیانیه‌ای که دلایل و حقایق لازم برای تصمیم‌گیری در مورد آن را بیان می‌کند برای مطالعه و تصویب نهایی به مجلس خاص ارجاع می‌گردد.

قرائت لوایح دولتی توسط آیین‌نامه عمومی به‌گونه‌ای تنظیم می‌شود که اولویت لوایح منشور حقوق شهروندان را حفظ کرده و مانع از اعمال حقوق پایه‌ای مندرج در آن نگردد.

لوایح دولتی بعد از تأیید مجلس خاص برای تصویب نهایی به مجلس عام ارجاع می‌گردد. تنظیم قانون شرایط و طرزالعمل‌های انتخاباتی و یا رفراندوم به عهده مجلس عام است. تصمیمات سیاسی بااهمیت ویژه در یک همه‌پرسی مشورتی به شهروندان واگذار می‌شود.

دولت اجرایی

اعضای این دولت از نمایندگان مجلس عام بر مبنای شایستگی غربال‌شده انتخاب‌شده‌اند.

اعضای دولت بر مبنای تخصص خاص خود مدیریت وزارتخانه‌های مختلف را به عهده می‌گیرند. کاندیداهای رئیس دولت باید از حمایت یک‌سوم از آرای اعضای مجلس عام برخوردار بوده تا در رقابت برای این پست شرکت کنند نامزدی که رأی اکثریت آرای مجلس عام را کسب می‌کند به‌عنوان رئیس دولت انتخاب می‌شود. اعضای پیشنهادی کابینه اجرایی از طرف رئیس دولت باید مورد تأیید مجلس عام باشند.

ممکن است این سؤال پیش آید که نام سمت رسمی رئیس دولت چیست؟ ویژگی این حاکمیت در محتوای آن است نه در اسم‌گذاری. نام کارگزاران در حاکمیت شهروندان نقش تعیین‌کننده‌ای را ندارند. به‌طورمعمول استدلال خواهد شد که در ساختار یک جمهوری رئیس دولت رئیس‌جمهور نامیده می‌شود، در نظام سلطنتی وزیر، در فدرالیسم صدراعظم و غیره، در این استدلال‌ها شکی نیست. حاکمیت شهروندی در نام‌گذاری سیستم خاص خود آزادانه عمل می‌کند و از این نوع قوانین شرطی مستثنا است.

نام وزارتخانه‌ها

وزارت آموزش‌وپرورش، سلامت ورزش، فرهنگ و هنر، کشاورزی پایدار و تغذیه، محیط‌زیست، زیرساخت‌ها و مسکن، حمل‌ونقل، صنعت، کار، نفت انرژی و معدن، امور داخلی و امنیت عمومی، دادگستری، اقتصاد، مالیات و خزانه‌داری، دفاع ملی، امور خارجه، جهانگردی و تجارت خارجی. هر وزارت خانه توسط یکی از اعضای کابینه اجرایی و یک معاون مدیریت و اداره می‌شود. وزارتخانه‌ها با توجه به نوع فعالیت و خدمات می‌توانند با یکدیگر ترکیب و یا متناسب با موقعیت جغرافیائی در مناطق پنج‌گانه کشور مستقر گردند.

مجلس منطقه‌ای

تشکیل مجلس منطقه‌ای نشانه واقعی اعمال قدرت از پایین به بالاست. تقسیم کشور به پنج منطقه: شمال، جنوب، مرکز، شرق و غرب

این تقسیمات بر تمامیت ارضی انحلال ناپذیر کشور استوار و غیرقابل‌تفکیک هستند. قسیمات منطقه‌ای فقط با نام جغرافیایی شناخته می‌شوند و تابع سیاست‌های حکومت مرکزی کشور هستند. ممکن است استدلال شود که این نوع حکومت فدرالیسم نام دارد، تفاوت تقسیم‌بندی منطقه‌ای پیشنهادی با فدرالیسم در چیست؟

تقسیمات منطقه‌ای در کشورهای فدرال بر مبنای تعلقات تاریخی ملی، قومی و جغرافیایی با اندکی تداخل ترسیم‌شده‌اند. نوع فدرالیسم در ایالات‌متحده آمریکا از این قاعده مستثنا است. آمریکا به‌عنوان یک کشور جدید با جمعیتی مرکب از مذهب‌ها، قومیت‌ها، ملیت‌ها و فرهنگ‌های متفاوت ساخته شد. ایالات‌متحده آمریکا به پنجاه ایالت مختلف تقسیم‌شده است. فرق بین حکومت شهروندان، فدرالیسم در ایالات‌متحده آمریکا با فدرالیسم اسپانیا در چیست؟

تقسیمات ایالتی آمریکا بر مبنای کاهش قدرت دولت مرکزی و مداخله کمتر دولت در زندگی مردم بناشده است. درواقع این ایده نه‌تنها چنین خواستی را برآورده نکرده است بلکه باعث بوروکراسی بیشتر و دخالت مضاعف دولت در زندگی مردم این کشور شده است. هر ایالت به‌عنوان یک دولت مستقل دارای نهاد قانون‌گذاری و قضایی است و دولت آن توسط یک فرماندار اداره می‌شود. قوانین محلی هر ایالت با دیگری متفاوت است، نمونه‌های آن حق حمل اسلحه و یا حق تصمیم‌گیری زنان در رابطه با بارداری است. در هر انتخابات ایالتی قدرت در بین جمهوری خواهان و دموکرات‌ها دست‌به‌دست می‌شود. این دو

حزب از دید سیاست‌گذاری متفاوت هستند، این دوگانگی مدیریتی باعث ناهماهنگی در بین ایالت‌ها شده است. این نوع فدرالیسم ایالتی باعث بوروکراسی بیشتر و تبعیض نژادی در بین شهروندان این کشور شده است. ایالت‌هایی که جمعیت قابل‌توجهی از سیاه‌پوستان و لاتین‌ها را دارند از ثروت هنگفت کشور در آموزش، بهداشت و سلامت محروم شده و در فقر مالی بسر می‌برند.

فدرالیسم اسپانیا بر مبنای تعلقات تاریخی ملی، قومی و جغرافیایی با اندکی تداخل بناشده است. برجسته‌ترین نمونه‌ها کاتالونیا، باسک، والنسیا، جزایر قناری، گالیسیا و اندلسی هستند. سیاستمداران این مناطق برای داشتن سهم بیشتری از قدرت و ثروت زیرپوشش ملی‌گرایی با سیاست دولت مرکزی دائم در جدال هستند. باوجود اینکه ساختار حکومتی اسپانیا سلطنتی پارلمانی است و آمریکا به‌صورت جمهوری اداره می‌شود، هر دو کشور از نظر اقتصادی زیر فرمان سرمایه‌داری بازار آزاد قرار دارند. هر دو کشور علیرغم ثروت بسیار خود نتوانسته‌اند تنش‌ها و تبعیض در بین اقشار مختلف جامعه را کاهش دهند. باوجود احزاب ایدئولوژیک، گرایش‌های ملی‌گرایانه و اقتصاد سرمایه‌داری بازار آزاد خواست عدالت امری غیرمنطقی است.

این در حالی است که تقسیمات منطقه‌ای در حاکمیت شهروندان بر اساس اقتصادی همه‌شمول و بدون تبعیض در حل نیازهای مشترک مردم عمل خواهد کرد. با داشتن پنج منطقه در کشور هزینه‌های بوروکراسی دولتی کاهش می‌یابد در این حکومت فرماندار و استاندار معنی ندارند، هیچ سمتی انتصابی نیست. هر شهر توسط یک شهردار مدیریت خواهد شد که از طریق مجلس منطقه‌ای انتخاب می‌شود. بودجه دولت در آموزش، بهداشت و سلامت با توجه به تعداد جمعیت هر منطقه بدون تبعیض توزیع خواهد شد.

هدف از تقسیمات منطقه‌ای ارتقاء اندیشه اشتراک گرایی در ایران است. مردم هر منطقه با تفاهم بینابینی می‌توانند کیفیت زندگی خود را بالابرده و رفاه جمعی ایجاد کنند. دلیل دوم این تقسیم‌بندی جلوگیری از تبعیض و درگیری‌های بی‌معنی به‌وسیله برانگیختن احساسات ملی‌گرایی، قومی و مذهبی می‌باشد که به خواسته‌ای مخرب جدایی‌طلبانه می‌انجامد. دلیل سوم تقسیمات منطقه‌ای، تعدیل قدرت دولت مرکزی و شرکت همه شهروندان در تصمیم‌گیری‌های دولت است که در مجلس منطقه‌ای معنی پیدا می‌کند.

مجلس‌های منطقه‌ای مسئول رفاه جمعیت تشکیل‌دهنده حوضه جغرافیایی خود هستند. این رفاه با به کاربرد منابع طبیعی و نیروی انسانی به‌طور مؤثر در هر منطقه امکان‌پذیر است. نمایندگان شایسته این مجلس‌ها برای دفاع از حق منطقه خود به مجلس عام کشور فرستاده می‌شوند. هدف از ایجاد حاکمیت شهروندان، مشارکت تمامی لایه‌های جامعه در قدرت مرکزی است. مجلس‌های منطقه‌ای اتحادیه‌ای مشترک ایجاد می‌کنند تا به‌طور هماهنگ دولت مرکزی را ملزم به پاسخگویی نیازهای منطقه‌ای خود کنند.

در پنج سال اول حکومت شهروندان، آزادی‌های اجتماعی و فردی در کشور مطلق خواهند بود. در طول این مدت، نوع جدیدی از دیکتاتوری مثبت و موقت برای تثبیت و تداوم حاکمیت شهروندان الزامی است. دلیل این امر جلوگیری از توطئه‌های مذهبی، ایدئولوژیک، ملی‌گرایانه و عوامل وابسته به کشورهای خارجی است تا از تجزیه کشور جلوگیری شود.

چرا ایرانیان با داشتن نسخه اصلی نیاز به کپی‌برداری از ساختار سیاسی و اقتصادی غربی‌ها رادارند؟ بدون ادعای هیچ‌گونه برتری‌طلبی، پارسیان پایه‌گذار حکومت‌های عادلانه و همه‌شمول بوده‌اند که تمام اقلیت‌های ملی و مذهبی را در برمی‌گرفته است. ایرانیان به‌عنوان بازماندگان آنان از پیشروان در علم نجوم،

ریاضیات، فلسفه، پزشکی، شعر و غیره بوده‌اند، همین‌طور مفهومی مانند حقوق بشر ریشه در فرهنگ پارسیان دارد، حتی کشورهای غربی از منشور حقوق بشر آن در نوشتن قوانین اساسی خود استفاده کرده‌اند. گویند پدر تو بود فاضل از فضل پدر تو را چه حاصل؟ مثالی غیرمنطقی و بی‌پایه است که در رابطه بافرهنگ جمعی یک ملیت صدق نمی‌کند. البته آلوده شدن، کمرنگ و رقیق شدن فرهنگ باستانی ایران توسط مذهب و تجاوز ملت‌های دیگر در طول تاریخ قابل‌انکار نیست، اما به همت فرزندان آن پدران فاضل بوده که پایه‌های این فرهنگ باستانی و نوروز آن هنوز پابرجاست.

نکته‌ای که قابل‌توجه است، طرز برداشت روشنفکران ایرانی در کاربرد ایدئولوژی‌های غربی است. حتی در ایجاد یک حکومت محافظه‌کار مذهبی در ایران نمی‌توانند از نفوذ افکار غربی در امان باشند. مفهوم جمهوری چه ربطی به اسلام دارد؟ نتیجه ترکیب مذهب با ساختارهای حکومتی غربی تولید یک شترمرغ بوده، می‌خواهید که بار ببرد می‌گوید که مرغ است، می‌خواهید که پرواز کند، می‌گوید که شتر است. چرا باید باور داشت که عوض کردن نام یک حکومت بدون داشتن یک جایگزین مناسب باعث بهبود زندگی مردم می‌شود؟ سیستم حکومت شهروندان، متفاوت با تمام نظام‌های شناخته‌شده، جایگزینی است کاربردی در تأمین شغل، سرپناه، بهداشت، آموزش، فرهنگ، امنیت، و بالاتر از همه، آزادی فردی برای شهروندان ایران. بار دیگر، ایرانیان می‌توانند بنیان‌گذاران یک دموکراسی راستین در قالب حکومتی عادلانه و جهان‌شمول باشند.

شهروندان می‌توانند آزادانه از طریق همه‌پرسی و رأی‌گیری عمومی هر نامی را که می‌خواهند جایگزین حکومت شهروندان کنند، تا این جنگ طولانی بر سر نام حکومت‌ها به پایان برسد. به فرض اینکه شهروندان کشور ایران به خاطر حفظ تاریخ و سنت چند هزارساله خود خواستند که نام حکومت شاهنشاهی را انتخاب کنند، در این صورت شاه باید به منشور حقوقی شهروندان ایران

پایبند باشد و از طریق رأی‌گیری عمومی تعیین شود. این پست به‌عنوان یک سمبل تشریفاتی و بدون داشتن قدرت سیاسی است. شاهنشاهی نوین ایران مادام‌العمر یا موروثی نخواهد بود. ممکن است استدلال شود که شاهنشاهی یک نوع حکومت خاص است با ساختار سیاسی و حقوقی معین که هزاران سال سابقه تاریخی دارد، بر منکرش لعنت در آن شکی نیست. آیا نمی‌شود که نام آن را به‌عنوان یک سمبل حفظ و ساختار سیاسی آن را به روز کرد؟ چرا نباید بار دیگر ایرانیان در ایجاد یک حکومت نوین، مناسب با جامعه قرن بیست و یکم پیشگام باشند؟

حکومت‌های گذشته برای حفظ قدرت مرکزی از تبعیض و تفرقه استفاده کرده و برخی از نقاط کشور را در فقر و عقب‌افتادگی نگه‌داشته‌اند. سیستم حکومتی شهروندان می‌تواند این تبعیضات غیرانسانی را برای همیشه ریشه‌کن کند. شهروندان کشور چه عرب‌زبان باشند، چه کُرد، چه لُر، چه بلوچ، چه ترک، چه فارس، چه قشقایی، چه ترکمن یا از هر قوم دیگری، میهن‌پرستانی بوده‌اند که صدها سال برای دفاع ازکیان مملکت جان خود و فرزندانشان را فدای این آب‌وخاک کرده‌اند. خواه آن‌ها را ملت، قوم، قبیله یا طایفه بنامیم شهروندانی میهن‌پرست هستند.

سیستم حکمرانی شهروندان را باید مانند پالایشگاهی دانست که خواسته‌ای همه شهروندان ایران را درهم می‌آمیزد تا محصولی سازگار با مذاق همه افراد جامعه تولید کند. مواد اولیه این محصول عرب‌زبانان، کرد، لر، بلوچ، ترک، فارس، قشقایی، ترکمن و سایر اقوام ایرانی هستند. این مواد اولیه از فیلترهای پالایشگاه حکومت شهروندان ایران عبور می‌کند و تفاله‌های برتری‌طلبی جنسیتی، مذهبی، قومی ملیتی، ایدئولوژیک و سایر تبعیضات را به زباله‌دان تاریخ می‌سپارد. نوع دموکراسی حکمرانی شهروندان را نباید به‌عنوان نخبه‌سالاری تلقی کرد، درواقع نوع نوینی از شهروند سالاری می‌باشد. دولت

این حکومت بودجه آموزش و درمان برای ایجاد رفاه عمومی را بر اساس تعداد جمعیت هر منطقه تقسیم خواهد کرد.

بیا تا گل برافشانیم و می در ساغر اندازیم....... فلک را سقف بشکافیم وطرحی نودراندازیم

احزاب سیاسی

چنانچه استدلال می‌شود احزاب سیاسی پایه یک سیستم دموکراتیک هستند چون منافع طبقات مختلف جامعه را نمایندگی می‌کنند. بر مبنای این تعریف کلاسیک طبقه کارگر، سرمایه‌دار و متوسط باید معرف این تئوری در جوامع کنونی باشند. وجود فقط دو حزب در ایالات‌متحده آمریکا و ده‌ها حزب گوناگون در کشورهای دموکراتیک گواهی رد تئوری طبقاتی می‌باشد.

سرعت پیشرفت تکنولوژی و جهانی‌شدن سرمایه مرزبندی طبقاتی را به زیر سؤال برده است، آیا می‌توان بر مبنای تئوری کلاسیک طبقات را در جوامع کنونی شناسایی کرد؟

با توجه به پیشرفت‌های تکنولوژی در صنعت و تغییر مدل‌های تولیدی، تقسیم طبقات به طبقه کارگر، سرمایه‌دار و طبقه متوسط امکان‌ناپذیر است. دیگر نمی‌توان طبقات را به‌این‌ترتیب تعیین و تعریف کرد، زیرا زمان نیروی کاری فشرده و انبوه در معادن، صنعت ماشین‌سازی، ساخت‌وساز، کشتی‌سازی، کشاورزی و دیگر تولیدات تغییری کلی کرده است. نیروی کار که به طبقه کارگر معروف بود نیرویی انبوه فشرده و متمرکز بود. در یک کارخانه اتومبیل‌سازی زیر یک سقف بیشتر از بیست هزار کارگر مشغول کار بودند. این مشاغل تا حدی توسط ربات‌ها جایگزین شده‌اند و بخشی از آن به واحدهای کوچک‌تر برون‌سپاری انتقال‌یافته است.

قبلاً در معدن‌های مختلف هزاران کارگر مشغول به کار بودند، اما امروزه با رشد تکنولوژی و فناوری‌های جدید در حفاری، جمع‌آوری و حمل‌ونقل این تعداد به صد نفر یا کمتر کاهش‌یافته است. امروزه کار در این معادن توسط انواع ماشین‌آلات کنترل از راه دور انجام می‌شود. این کارگران دیگر معدن‌کاریان متحد سابق نیستند، بلکه خود را مهندس، تکنسین، ماشین کار و غیره می‌نامند. این گروه کاری دارای درآمدها، منافع، طرز فکر و ایده و احتیاجات مختلف هستند. تنها وجه مشترکی که این گروه کاری ناهمگون دارند اشتراک آن‌ها در تولید یک محصول است، چگونه می‌توان آن‌ها را به‌عنوان طبقه کارگر یکپارچه طبقه‌بندی کرد؟

ایجاد مشاغل جدید از طریق فناوری و اینترنت باعث کاهش تعداد کارگران در صنایع سنتی و سنگین شده است. از طرف دیگر، تعداد کارگران در زنجیره‌های بزرگ سوپرمارکت‌ها، هتل‌ها، کازینوها، حمل‌ونقل، رستوران‌های زنجیره‌ای، شرکت‌های مشاوره، خدمات، واحدهای تولیدی در مقیاس کوچک، ادارات، سهام، بانکداری و هزاران شغل مختلف دیگر به میزان قابل‌توجهی افزایش‌یافته است. این نیروی کاری ناهمگن و پراکنده را نمی‌توان طبقه‌بندی کرده و آن را طبقه کارگر نامید.

سرمایه‌داری نیز از مدل تولیدی قبلی خود بر اساس سرمایه، نیروی کار و ارزش‌افزوده جدا مانده است. این سیستم اشکال مختلفی را به خود گرفته است، ازجمله نوع مجازی مالی، گمانه‌زنی، استفاده از تبدیل نرخ پولی، قمار در بورس و اشکال دیگر. بخشی از سرمایه‌داری بدون هیچ‌گونه تولید کالایی به‌طور انگلی سهم زیادی را در سودآوری به دست آورده است. درنتیجه، افرادی که از این طریق ثروتمند شده‌اند خود را بورژوا نمی‌دانند، به همین دلیل طبقه‌ای بنام سرمایه‌داری منسجم و یکپارچه نیز وجود ندارد. تنها نامی که می‌شود به این ثروتمندان جدید داد، سرمایه‌داران انگلی رده‌بندی‌شده بر مبنای مقدار ثروت

انباشته‌شده آن‌ها، چگونه می‌توان طبقه متوسط را در جنگل بازارهای آزاد تعریف کرد؟ همان‌طور که قبلاً ذکر شد، تغییر در روش‌های تولید باعث ایجاد طیف وسیعی از مشاغل جدید شده است که نمی‌توان آن‌ها را کارگر و یا سرمایه‌دار نامید بلکه ترکیبی از این دو؟ خوب، چرا آن‌ها را طبقه متوسط ننامیم؟ سرمایه‌داری بازار آزاد تعریف طبقه متوسط را از طریق منحنی‌های پیچیده و نامفهوم، نه بر مبنای قدرت خرید واقعی آن‌ها بلکه قدرت مصرف تعریف می‌کند. ورشکستگی مالی میلیون‌ها نفر در سال به خاطر استفاده بی‌رویه و مصرفی از کارت‌های اعتباری بانک‌ها و بدون پشتوانه مالی فردی ثبوت این مسئله است. بااین‌حال، تعداد آن‌ها به‌سرعت در حال کاهش است و به‌زودی به نیروی کاری ناهمگن جدید می‌پیوندند.

وقتی‌که یک کارگر، فردی از طبقه متوسط و یک سرمایه‌دار هم‌زمان به یک حزب سیاسی رأی می‌دهند چگونه می‌توان در مورد یک جامعه طبقاتی صحبت کرد؟ درنتیجه جوامع جدید را می‌توان به دوطبقه دارندگان و نداران تقسیم کرد که در رویارویی و تضاد متقابل قرارگرفته‌اند، یا به‌عبارت‌دیگر، بردگان و برده‌داران نوین.

احزاب سیاسی هنوز به وجود جوامع طبقاتی معتقدند و اصرار دارند که با تعامل بین طبقات می‌توان معضلات جوامع را حل کرد. آن‌ها به لحاظ عقیدتی تنها نماینده و پایگاه یک طبقه از جامعه هستند. این احزاب تضادهای اجتماعی را با خود به یدک می‌کشند و باعث ایجاد اختلافات، درگیری‌ها و ناهماهنگی در جوامع هستند. احزاب سیاسی ایدئولوژیک نمی‌توانند مطالبات گوناگون تمام اقشار یک جامعه را تضمین کرده و از منافع جمعی به‌طور مساوی دفاع کنند. ممکن است استدلال شود که هستند احزابی مثل سوسیال‌دمکراسی که هدفشان ایجاد یک رفاه عمومی است، باید سؤال کرد، چرا موفقیت مقطعی و نسبی آن‌ها به بن‌بست رسیده است؟

بر پایه اقتصاد سرمایه‌داری بازار آزاد هیچ ایدئولوژی خاصی نمی‌تواند یک حکومت عادلانه را ایجاد کند تا منافع همه اقشار جامعه را بپوشاند. وقتی یک حزب به‌اصطلاح چپ به قدرت می‌رسد اصلاحاتی را انجام می‌دهد که می‌تواند به نفع اقشار بیشتری از جامعه باشد، سپس در انتخابات بعدی یک حزب راست‌گرا به قدرت می‌رسد و همه پیشرفت‌ها و قوانینی را که قبلاً توسط دولت چپ وضع‌شده لغو می‌کند. این چرخه معیوب به نام قشنگ دموکراسی و تفکیک قدرت‌ها برای همیشه ادامه می‌یابد.

کاربرد حکومت بر مبنای سه قدرت جداگانه قوه مقننه، اجرائیه و قضائیه باوجود احزاب ایدئولوژیک در حاکمیت امکان‌ناپذیر است. قضات منتخب برای قوه قضایی در خدمت ایدئولوژی‌های احزاب سیاسی در حاکمیت هستند. اگر این‌گونه نیست، پس چرا برخی از این قضات را محافظه‌کار و برخی دیگر را لیبرال می‌خوانند؟ چرا احزاب سیاسی بر سر این پست‌ها در دولت می‌جنگند؟ وقتی‌که قدرت اجرایی، مقننه و قضایی در اختیار یک حزب سیاسی باشد، پس تفکیک قوا در کجاست؟ عدم عملکرد جدایی قوه‌ها را باید در استیضاح رئیس‌جمهور آمریکا دونالد ترامپ دید. در زمان استیضاح ترامپ، مجلس سنا قوه اجراییه و دادگاه عالی کشور در دست جمهوری خواهان و کنگره در دست دموکرات‌ها بود. استیضاح دونالد ترامپ از طرف دموکرات‌ها با رأی اکثریت به مجلس سنا ارجاع شد. دونالد ترامپ با کمک آراء مجلس سنا و قاضی منصوب از طرف دادگاه عالی کشور تبرئه شد و به‌عنوان رئیس‌جمهور آمریکا تا پایان‌ترم خود در قدرت باقی ماند. سؤال این است، پس در این شعبده‌بازی دموکراتیک بر پایه تفکیک قدرت‌ها چرا ترامپ غیب نشد؟

بیشتر مردم به احزاب سیاسی اعتماد ندارند و از وعده‌های دروغین و فساد ناشی از آن‌ها خسته‌اند. برای تأکید بیشتر، هیچ حزب سیاسی واحدی نمی‌تواند منافع و نیازهای همه شهروندان را در سیستم‌های امروزی پوشش دهد.

دولت‌ها در قالب احزاب سیاسی به‌عنوان نمایندگان مردم در سیاست‌گذاری دست بازدارند. خلأ و عدم وجود قدرت مستقیم مردم بین دو دوره انتخاباتی باعث می‌شود که دولت‌ها سیاست حزبی خاص خود را اجرا کنند. این شکاف خلأ زمانی باعث شد تا دولت‌های اسپانیا، انگلیس و ایالات‌متحده بتوانند برخلاف خواست عموم مردم خود به عراق حمله کنند. علیرغم تظاهرات میلیونی مردم در خیابان‌های مادرید، لندن، واشنگتن، برلین، پاریس و بسیاری از پایتخت‌های دیگر جهان به جنگ تحمیلی خود برعلیه عراق ادامه دادند. قدرت باید تمام مدت و بدون هیچ وقفه به‌طور مستقیم در اختیار مردم باشد. در دولت‌های به‌اصطلاح دموکراتیک کنونی، قدرت عالی مردم به مدت چهار، پنج یا شش سال، بسته به قانون اساسی هر کشور به نمایندگان آن‌ها واگذار می‌شود. البته در پایان این مدت، مردم می‌توانند احزاب را گوشمالی داده و در انتخابات بعدی به آن‌ها رأی ندهند بااین‌حال، هیچ راهی برای بازگشت حقوق ازدست‌رفته شهروندی و خسارات وارده در طی این مدت وجود ندارد. بارزترین نمونه این است که یک دولت کشوری را برخلاف اراده مردم خود به یک جنگ ناخواسته می‌کشاند.

سندیکاها و اتحادیه‌های کارگری و صنفی در جوامع امروزی تا حدودی جهت‌گیری عقیدتی دارند. علاوه بر این، آن‌ها به‌طور مستقیم در تصمیم‌گیری دولت‌ها مشارکت ندارند، به همین دلیل، برای تحقق خواسته‌های خود از قدرت سیاسی کمی برخوردارند. وقتی دولت‌ها قوانین غیرعادلانه‌ای را علیه منافع آن‌ها اتخاذ می‌کنند، این اتحادیه‌ها اعتراض خود نسبت به این قوانین را با تظاهرات و اعتصابات نشان می‌دهند، که دیگر خیلی دیر شده است.

تجربه تاریخی نشان داده است که فعالیت‌های سندیکاهای کارگری و صنفی بدون شرکت مستقیم در سیاست‌گذاری دولت‌ها به‌جایی نخواهد رسید، چون سرمایه‌داری بازار آزاد در قالب ایدئولوژی لیبرالیسم وجود چنین نهادها را برنمی‌تابد، به همین دلیل باید این نهادها را به سازمان‌های کارگری و صنفی

سیاسی بدون وابستگی ایدئولوژیک تبدیل کرد تا جایگزینی برای احزاب سیاسی باشند. در سیستم‌های فعلی احزاب سیاسی می‌آیند و می‌روند، اما نیازها و خواسته‌های افراد و خانواده‌ها دائمی است.

چگونه می‌توان شوراهای کارگری و اتحادیه‌های صنفی را به سازمان‌های سیاسی مبدل کرد تا جایگزینی برای احزاب ایدئولوژیک باشند؟

نخست باید نهادهای صنفی کارگران، کارمندان، معلمان، بازنشستگان و فعالان مدنی را به‌صورت نهادینه در سراسر کشور به وجود آورد. ممکن است سؤال شود که در حکومت‌های دیکتاتوری به وجود آوردن سازمان‌های سیاسی امری غیر ممکن است؟ اغلب کشورهای دیکتاتوری برای توجیه حقانیت خود از صندوق های رأی‌گیری به‌طور ابزاری استفاده می‌کنند. تا زمانی که صندوق‌های رأی‌گیری انتخاباتی در این نوع حکومت‌ها وجود دارند ایجاد سازمان‌های شغلی سیاسی امری شدنی است. با یقین به موفقیت در رأی آوری، این نهادها باید نامزدهای منطقه‌ای و سراسری خود را برای شرکت در انتخابات نمایندگی مجلس قانون‌گذاری کشور تعیین و معرفی کنند. برای بالا بری رأی آوری این نامزدها در شهرهای کوچک می‌توان ائتلافی مقطعی بین شوراهای کارگری، اتحادیه‌های صنفی و فعالان مدنی به وجود آورد.

ممکن است استدلال شود که در حکومت‌های دیکتاتوری نامزدهای اعضای شوراهای کارگری، اتحادیه‌های صنفی و فعالان مدنی به بهانه‌های گوناگون رد صلاحیت می‌شوند. رد صلاحیت این نامزدها در انتخابات، حکومت‌های دیکتاتوری را در مقابل یک قدرت سازمان‌دهی شده و منسجم قرار خواهد داد. تحریمات انتخاباتی آینده کشور از حالت فردی به جمعی مبدل خواهد شد که بر اتحاد اکثر شهروندان استوار خواهد بود. تحریم جمعی و سازمان‌دهی شده در انتخابات، هر حکومت دیکتاتوری را به بن‌بست سیاسی می‌کشاند. هر حکومت دیکتاتوری که به رأی اکثریت شهروندان ناراضی و فقرزده گردن ننهد، اعتبار و حقانیت خود را نمی‌تواند توجیه کند.

دموکراسی راستین

چرا دموکراسی به یک کلمه جادویی تبدیل‌شده که همه جواب‌ها را برای یک جامعه ایده‌آل دارد؟ دموکراسی بدون داشتن یک سیستم انتخاباتی شفاف و منصفانه بی‌معنی است. تنها راه دسترسی به یک دموکراسی راستین روش نوینی از حاکمیت است با سیستم انتخاباتی خاص خود. در دموکراسی مدرن احزاب سیاسی عامل اصلی نابرابری، نژادپرستی، بی‌ثباتی و ناهماهنگی در جوامع هستند. این نوع دموکراسی باعث ایجاد احساسات و اندیشه‌های ملی‌گرایانه و مذهبی شده است. افزایش احزاب سیاسی جناح راست در اروپا و آمریکا نمونه بارز آن است. این نوع دموکراسی باعث ظهور هیتلر در آلمان، ترامپ در ایالات‌متحده آمریکا و ناسیونالیست‌ها در کشورهای دیگر شده است. چرا مردم بدون دیدن عملکرد دموکراسی و نتایج آن در کشورهای به‌اصطلاح دموکراتیک بداشتن این نوع دموکراسی اصرار می‌ورزند؟ در آغاز تصور می‌شد که دموکراسی محصول فلسفه و تجربه حکومت‌های گوناگون در تاریخ است که روزی جهان‌شمول خواهد شد. سیستم سرمایه‌داری در قرن گذشته، اشتباه همه را به نمایش گذاشت و دموکراسی را در بخش جغرافیا و کشاورزی کلاسه‌بندی کرد. به همین دلیل با دموکراسی مانند دانه‌ای رفتار می‌شود که فقط می‌تواند در یک جغرافی خاص با خاکی حاصلخیز و آب‌وهوای متعادل رشد کند. بااین‌حال، زمان ثابت کرده است که میوه آن آن‌طوری که ادعا می‌شد آن‌چنان شیرین نیست.

به‌یقین می‌توان گفت که دموکراسی در طول تاریخ هرگز به واقعیت نزدیک نشده و همچنان به‌صورت یک خواست ایده‌آل باقی‌مانده است. سرمایه‌داری معنای واقعی آن را از بین برده و برای توجیه گرفتن قدرت به روش

"دموکراتیک" آن را در صندوق‌های رأی‌گیری خلاصه کرده است. صندوق‌های رأی‌گیری باید ابزاری برای اندازه‌گیری میزان دموکراسی باشند و نه توجیه آن. در سیستم سرمایه‌داری این صندوق‌ها با رأی بسیاری از افرادی پر می‌شود که درک درستی را از دموکراسی ندارند. رأی‌گیری‌ها با اعتقادات مذهبی، ایدئولوژیکی حزبی و یا از طریق خریدوفروش آرا انجام می‌گیرند.

در بسیاری از کشورها که هنوز به شکل قبیله‌ای اداره می‌شوند دموکراسی به ابزاری برای گرفتن قدرت تبدیل‌شده است. در طول تاریخ قانون اولیه دموکراسی یک فرد یک رأی؛ هرگز اعمال نشده است. از آنجا که قوانین انتخاباتی را قدرتمندان تدوین می‌کنند، دموکراسی را به شکل ابزاری برای حفظ قدرت خود بکار می‌گیرند. وقتی‌که خرید یک رأی در قرن بیست و یکم فقط چند دلار هزینه دارد، آیا صحبت از دموکراسی کردن خنده‌آور نیست؟ نمونه بارز آن هند است. برای توجیه این نوع سازوکار، اروپا و ایالات‌متحده آمریکا، هند را بزرگ‌ترین دموکراسی جهان معرفی می‌کنند. سؤال اینجاست که آیا در سیستمی که بر مبنای کاست‌ها استوار است دموکراسی امکان‌پذیر است؟

صندوق‌های رأی‌گیری در هند و سایر کشورهای فقیر با خریدوفروش آرا پر می‌شوند. حتی از کارت‌های شناسایی مردگان استفاده کرده و آن‌ها از قبرهای خود برخاسته و با رفتن به یک مرکز رأی‌گیری، بار دیگر به استقبال دموکراسی رفته و حقوق دمکراتیک خود را طلب می‌کنند. ازآنجاکه کشورهای اروپایی و آمریکا در "دموکراسی" پیشرفت داشته‌اند، خریدوفروش مستقیم آرا وجود ندارد. این کشورها سیستم‌های رأی‌گیری پیچیده‌ای را ایجاد کرده‌اند که رأی فردی را بی‌ارزش می‌کند، نمونه‌های برجسته آن اسپانیا و آمریکا هستند. حزب راست‌گرای اسپانیا با هفت میلیون رأی کسب‌شده در مجلس عادی ۱۳۷ کرسی

را در اختیار خود می‌گیرد. درصورتی‌که حزب کمونیست همین کشور با کسب بیش از یک‌میلیون آراء عمومی تنها دو نماینده دارد.

در انتخابات آمریکا، آل گر با کسب بیش از میلیون‌ها آرای عمومی روش انتخاباتی آمریکا جورج بوش را به‌عنوان رئیس‌جمهور انتخاب می‌کند. در انتخابات گذشته آمریکا، بین هیلاری کلینتون و ترامپ همین روش ادامه داشته، اما یک دلقک بنام ترامپ رئیس‌جمهور آمریکا می‌شود. به گفته آمریکایی‌ها، او قدرتمندترین مرد و رهبر "جهان آزاد" است. راستی آیا شما به این نوع دموکراسی نمی‌خندید؟ از زمان وجود آمریکا، تاکنون هیچ حزب سومی برای تشکیل دولت به‌غیراز دموکرات‌ها و جمهوری خواهان وجود نداشته است. دموکراسی یک بازی سیاسی بین نخبگان و قدرتمندان در این کشور است، اما این یک بازی دوستانه است که آن‌ها هر هشت سال یک‌بار قدرت را به یکدیگر انتقال می‌دهند. در کشورهای اروپایی، بسیاری از احزاب کوچک که در انتخابات شرکت می‌کنند به دلیل چهار یا پنج درصد موانع انتخاباتی برای ورود به مجلس نماینده‌ای ندارند.

در آمریکا، به‌اصطلاح مکه دموکراسی غربی، یک روش انتخاباتی بنام **جری مندری**[۱] وجود دارد که نامزدهای نمایندگی برای کنگره و سنا رأی‌دهندگان خود را انتخاب می‌کنند. چه نامی می‌توان بر این نوع دموکراسی نهاد؟ آیا نباید آن را دموکراسی وارونه یا واژگون نام گذاشت؟ در این مکه دموکراسی هیچ‌کس نمی‌تواند بدون هزینه میلیون‌ها دلار نماینده کنگره، سناتور مجلس سنا یا رئیس‌جمهور شود. سؤال اینجاست که این پول‌ها از کجا تهیه می‌شوند؟ در این کشور، یک سیستم اهدای شخصی ایجاد کرده‌اند، به این معنی که مردم

---

۱ Gerrymandering

می‌توانند داوطلبانه پولی را برای هزینه‌های انتخاباتی به یک کاندید و یا حزب موردنظر خود اهدا کنند. این کمک‌ها پوششی قانونی برای دلالان پولی به نام لابی‌ها در سیاست آمریکا است. بیشتر این پول‌ها توسط شرکت‌های بزرگ و ثروتمندان تأمین می‌شود تا از منافع خود محافظت کنند. اگر دموکراسی یک مفهوم ویژه است، نمی‌تواند دویست نوع تفسیر متفاوت داشته باشد. هر کشور قوانین انتخاباتی را در راستای منافع صاحبان ثروت و قدرت خود برنامه‌ریزی می‌کند. دخالت قدرت‌های بزرگ و کشورهای همسایه در روند انتخاباتی یک کشور ، اعتبار هر انتخابات دموکراتیک را باطل، بی‌حاصل و بی محتوا می‌کند.

فرض کنیم که سرمایه‌داری به ذهنش خطور کند و مفهوم سیستم یک فرد و یک رأی را بپذیرد، بااین‌حال، این هم بسیار غیرعادلانه است. با اعتقاد به مساوات حقوقی بین همه افراد در مشاغل مختلف، به دلیل نابرابری دانش آن‌ها در شناخت دموکراسی، رأی فردی آن‌ها را نمی‌توان برابر دانست. به همین دلیل"حکومت شهروندان" یک روش نوین انتخاباتی از طریق آزمون، قبل از هر انتخابات انجام خواهد داد. این آزمون برای ارزیابی میزان شناخت رأی‌دهندگان در سیاست، اقتصاد و آگاهی اجتماعی می‌باشد. نمونه بارز نابرابری ارزش آرا در انتخابات اخیر آمریکا و خروج انگلیس از اتحادیه اروپا می‌باشد. در انتخابات آمریکا، رأی نژادپرستان سفیدپوست، مذهبی‌ها و اقشار ناآگاه این جامعه ترامپ را به قدرت رسانده و او را در کاخ سفید مستقر کرد.

خروج انگلیس از اتحادیه اروپا نمونه‌ای دیگر از ارزش نابرابر آراء است. خروج انگلیس از این اتحادیه با آراء افراد مسن و نژادپرست، ناسیونالیست‌ها و شهروندان ناآگاه که شناختی از سیستم خود و اتحادیه اروپا ندارند انجام گرفت. بار دیگر افرادی که آگاهی از دموکراسی، دانش سیاسی، اقتصادی و اجتماعی را داشتند با اختلاف تنها یک درصد از آراء مغلوب ناآگاهان شدند.

همان‌طور که قبلاً اشاره شد، حکومت شهروندان یک سیستم انتخاباتی نوین از راه آزمون برای سنجش آگاهی رأی‌دهندگان برای رتبه‌بندی آن‌ها را تدوین کرده. آزمون در جوامع امروزی امری معمول است؛ افراد برای داشتن یک شغل باید از امتحانات مختلفی عبور کنند. امتحانات ابتدایی، متوسطه، دبیرستان و دانشگاه، برای دریافت گواهینامه خلبانی یا رانندگی و صدها نمونه دیگر. چرا امتحان قبل از انتخابات برای رأی دادن باید امری عجیب تلقی شود؟

مگر نه این است که در یک جامعه افراد باید حقوق و وظیفه داشته باشند؟ در یک جامعه حق مداری نباید تکلیف را کنار گذاشت، در صورت فرار از تکلیف، هیچ‌کس حق مطالبه حقوق را نباید داشته باشد. به همین دلیل در حکومت شهروندان شرکت در انتخابات امری الزامی و اجباری است.

در امتحانات رأی‌گیری برای حفظ قاعده دموکراسی بر پایه یک فرد یک رأی هر فرد حق یک رأی خود را حفظ می‌کند، جالب اینجاست برای اولین بار این تنها امتحانی است که مردودی ندارد.

روش درجه‌بندی و نمره‌گذاری در امتحانات رأی‌گیری ۱ تا ۳ است. شرکت‌کنندگان، با نمره کسب‌شده خود، مجاز به کاربرد آن در تمام سطوح انتخابات هستند. به‌عنوان‌مثال، فردی که در امتحان نمره‌اش ۳ شده، حق ۴ رأی را خواهد داشت.

به دلیل نابرابری در جوامع کنونی، هستند رأی‌دهندگانی که خواندن و نوشتن نمی‌دانند، این گروه می‌توانند به‌طور شفاهی در این آزمون شرکت کنند. برخلاف بسیاری از افراد باسواد، آن‌ها در زندگی واقعی تجربه فراوان دارند. کسب نمره پایین در این امتحان نباید باعث خودکم‌بینی شود، بلکه ایجاد انگیزه برای کسب نمرات بالاتر در آزمون انتخابات بعدی. همچنین کسب نمرات بالاتر در این آزمون به معنای برتری بر دیگران نیست، بلکه تضمینی برای حفظ منافع عمومی توده‌ها و کاهش تأثیر ثروت و قدرت در روند انتخابات است.

کارشناسان در زمینه‌های اقتصاد، سیاست و جامعه‌شناسی جزئیات و روش امتحانات را برنامه‌ریزی خواهند کرد.

طرفداران نظام سرمایه‌داری معتقدند و اصرار دارند که تنها راه رسیدن به دموکراسی از طریق این سیستم امکان‌پذیر است، پاسخ این طرفداران به این سؤال ساده چیست؟ آیا روسیه و سایر کشورهایی که از اتحاد جماهیر شوروی سابق بیرون آمده‌اند و سرمایه‌داری را با آغوش باز بکار گرفته‌اند دموکراتیک هستند؟ جواب آن‌ها این خواهد بود که ایجاد دموکراسی به زمان نیاز دارد. فرض را بر این بگذاریم که ایجاد دموکراسی زمان می‌برد، جواب آن‌ها در مورد ایران، عربستان سعودی، سایر کشورهای آمریکای لاتین و آفریقا که مدت‌هاست سیستم سرمایه‌داری داشته‌اند چیست؟ آیا همه این کشورها دموکراتیک هستند؟ آیا چین به‌عنوان نمونه عریان سرمایه‌داری دموکراتیک است؟ درون سیستم سرمایه‌داری تضادهایی وجود دارد که با دموکراسی واقعی سازگار نیست. در سیستم سرمایه‌داری؛ آزادی سیاسی و دموکراسی یعنی پر کردن صندوق‌های رأی‌گیری به هر شکل و قیمتی. رأی‌گیری ابزاری برای سنجش خواست مردم است، نه تحریف آن. بعد از برگزاری هر انتخابات، هیچ‌چیز تغییر نخواهد کرد، آش همان آش است و کاسه همان کاسه، می‌توانید حدس بزنید که یک انتخابات چقدر هزینه دارد؟

سازمان ملل متحد در طی جنگ جهانی دوم شکل گرفت و بعد از پایان آن تأسیس شد. ایجاد این سازمان بین‌المللی بخاطرجلوگیری از درگیری‌های جهانی بود. این باشگاه با ایده صلح جهانی کارش را شروع کرد. ایجاد این ارگان به‌اصطلاح همه‌شمول برای ایجاد یک نظم جدید جهانی بود که هر کشوری بتواند در امور بین‌الملل حرفی برای گفتن داشته باشد. قدرت متقاعدکننده پیروزان جنگ و ترس ملل کوچک‌تر منشور آن را دیکته کرد. اول با دادن حق وتو به فاتحان جنگی دموکراسی به کناری گذاشته شد و بار دیگر کشورهای

کوچک‌تر از تقسیم قدرت سهمی نبردند. ایجاد شورای امنیت در سازمان ملل رد برابری ملت‌ها بود، دلیل تشکیل شورای امنیت چه بود؟ این پاسخ اندکی پس روشن شد، هدف آن محافظت از ثروت و انحصار قدرت در دست چند کشور. سازمان ملل متحد به یک شیر بی‌دندان در جنگل جهان سرمایه‌داری بازار آزاد تبدیل‌شده است. اثبات این واقعیت صدها قطعنامه‌ای است که در طول وجود آن تصویب‌شده که اعضای آن به برکت صاحبان حق و تو آن‌ها را نادیده گرفته‌اند. تعدادکارکنان سازمان ملل متحد با بروکراسی عریض و طویل و گسترده خود از نظر اقتصادی به آمریکا وابستگی دارد. ایالات‌متحده آمریکا از این اهرم برای استراتژی‌های بین‌المللی خود استفاده می‌کند. ناکارآمدی سازمان ملل متحد در جلوگیری از جنگ‌ها مشهود است زیرا نیروهای حافظ صلح آن بر اساس منافع اعضای ثابت شورای امنیت عمل می‌کنند.

بار دیگر رویکردهای ایدئولوژیک باعث بازگشت جهان به دوقطبی بودن شده است. این تضاد سیاسی در بین اعضای ثابت شورای امنیت ازیک‌طرف آمریکا، فرانسه و انگلیس و متحدان آن‌ها و از طرف دیگر چین، روسیه و متحدانشان دو جبه جدید به وجود آورده است. هر دو جبهه از نظر اقتصادی به سرمایه‌داری معتقدند اما در رویکرد سیاسی آن اختلاف‌نظر دارند. جبهه اول به رویکرد دموکراتیک سرمایه‌داری معتقد است، اما جبهه دوم رویکرد تک‌حزبی و اتوکراسی را در پیش‌گرفته است. هیچ‌کدام از این دو جبهه خواه بر پایه سرمایه‌داری بازار آزاد و خواه بر پایه سرمایه‌داری دولتی، قادر به حل معضلات جوامع کنونی نخواهند بود. حکومت شهروندان با ساختار خاص خود از نظر سیاسی به هیچ‌کدام از این دو جبهه تعلق نخواهد داشت، اما بر پایه سیستم اقتصادی خاص می‌تواند با هر دو جبهه رابطه‌ای سالم و دوستانه داشته باشد

مدل اقتصادی حکومت شهروندان

دموکراسی بدون سهیم بودن جمعی شهروندان در اقتصاد یک کشور مانند طبل توخالی است. هدف حکومت شهروندان بازگشت تدریجی به زمانی نه‌چندان دور است که تورم قابل‌کنترل بود و سرمایه بانک‌ها بخشی تعیین‌کننده در تولید و رشد اقتصادی بودند، نه این‌طور که در اقتصاد بازار آزاد عمل می‌کنند. در سیستم مالی بازار آزاد بانک‌ها به ابزاری برای پول‌شویی، معاملات قماری، استثمار، پیش‌گویی‌های فریب‌دهنده و فساد تبدیل‌شده‌اند.

برای تولید ارزش اضافی، **سرمایه و نیروی کار** دو ستون پایه‌ای خانه اقتصادی هستند. هیچ‌کدام بدون دیگری نمی‌توانند این خانه را سرپا نگه‌دارند. سرمایه‌داران به توهم خیال می‌کنند که بدون نگهداری از ستون کار می‌توانند ستون سرمایه را قوی‌تر کنند. سیستم سرمایه‌داری تاکنون نتوانسته است توازنی منطقی میان این دو ستون ایجاد نماید، به همین دلیل این خانه در حال فروریختن است. نظریه سیستم اقتصادی "حکومت شهروندان" می‌تواند راهگشای توازنی منطقی میان سرمایه و نیروی کار باشد، البته نه به گونه تضاد آمیز بلکه با به‌کارگیری رویکردی تعاملی میان این دو...

ازجمله امراض علاج ناپذیر سرمایه‌داری مرضی است که تورم نام دارد. عامل تورم چیست؟ اقتصاددانان سرمایه‌داری تورم سیستم را با قانون عرضه و تقاضا توجیه می‌کنند. همه مردم اقتصاددان نیستند، تا عامل‌های دیگر ایجاد تورم اقتصادی را بدانند. گویند، اگر در بازار برای محصولی کمیاب تقاضا زیاد باشد، قیمت آن محصول بالا می‌رود. تورم در اقتصاد هر مملکتی باعث بی‌ثباتی سیاسی می‌شود. چه‌بسا سیاستمدارانی با وعده مبارزه با تورم در انتخابات پیروز شده‌اند، اما پس از ناکامی در انجام این کار، قدرت را ازدست‌داده‌اند.

اگر درآمد دریافتی به‌اندازه افزایش قیمت‌ها رشد نکند، قدرت خرید شهروندان پایین می‌آید. درآمد واقعی شاخص و معیاری برای استاندارد زندگی است. تورم، قدرت خرید گیرندگان و پرداخت‌کنندگان نرخ‌های بهره را تضعیف می‌کند. بازنشستگانی را در نظر بگیرید که تا زمان بازنشستگی سالانه پنج درصد افزایش مستمری دریافت کنند، اگر تورم بالای پنج درصد باشد قدرت خرید آن‌ها به همان اندازه کاهش می‌یابد. اگر چاپ پول بدون پشتوانه در اقتصاد یک کشور افزایش داشته باشد ارزش آن کاهش می‌یابد.

اقتصاددانان سیستم سرمایه‌داری معتقدند که، تورم بالا به اقتصاد آسیب می‌زند، اما کاهش تورم یا کاهش قیمت‌ها نیز نامطلوب است. کاهش تورم باعث درآمد کمتر برای تولیدکنندگان و رشد اقتصادی کمتر در هر کشور می‌شود. چگونه تورم هم می‌تواند خوب وهم بد باشد؟ جواب این است، تورم کم خوب است چون باعث انباشت سرمایه می‌شود اما تورم لجام‌گسیخته بد است چون اقتصاد را داغ می‌کند و کارگران و زحمتکشان را می‌سوزاند و آن‌ها را علیه سرمایه می‌شوراند.

وقتی‌که اقتصاد بیش‌ازحد گرم شده باشد، بانک‌های مرکزی سیاست‌های انقباضی را اجرا می‌کنند تا با افزایش نرخ‌های بهره، تورم را مهار کنند. افزایش نرخ‌های بهره باعث رکود فعالیت‌های اقتصادی، کمبود عرضه و بیکاری می‌شود و بحران جدیدی را ایجاد می‌کند. این تضاد درونی سرمایه‌داری تا چه زمانی می‌تواند با این چرخه معیوب ادامه پیدا کند؟

در اقتصاد جهانی فلزی بنام طلا به‌عنوان پشتوانه اولیه چاپ اسکناس بکار می‌رفت. مقدار این فلز به کنار، عدم کنترل واقعی مقدار پشتوانه‌های دیگر در چاپ پول به آمریکا اجازه داده است که اقتصاد جهان را غرق در دلار کند. نظریه اقتصاددانان سرمایه‌داری بر این است که چاپ پول بی‌پشتوانه باعث تورم می‌شود. پس باید دلار آمریکا ریشه اصلی تورم در اقتصاد جهانی باشد. گره زدن ارزش پولی کشورهای دیگر به دلار امکان می‌دهد تا تورم را از اقتصاد

آمریکا دور کرده و آن را به دیگر ارزهای ضعیف تحمیل کند، تاکنون این راهکار برای آمریکا کارایی داشته اما تا چه زمانی این روش می‌تواند ادامه پیدا کند؟ تورم سرطان بی‌درمان سرمایه‌داری است، با شوک الکتریکی، طب سوزنی، عمل جراحی و تجویز آسپرین درمان نخواهد شد

تصور اینکه سیستم سرمایه‌داری به گربه‌ای هفت‌جان می‌ماند چیز عجیبی نیست، اما گربه‌ها هم فناپذیرند. چرخ‌های سیستم سرمایه‌داری مانند تیوب تایرهای یک دوچرخه هستند، هر وقت پنچر می‌شوند صاحب دوچرخه تیوب‌های آن را پنچرگیری می‌کند اما روزی می‌رسد که تیوب‌های دوچرخه می‌ترکند و دیگر قابل پنچرگیری نیستند.

در سیستم مالی بازار آزاد سرمایه‌های کوچک نه‌تنها سودی نمی‌دهند بلکه امکان از دست رفتنشان هم هست، چون گوشت به دست گربه سپرده می‌شود. مدل اقتصادی "شهروندان" می‌تواند یک مرکز مالی شهروندی را با سرمایه‌های کوچک محلی ایجاد کند. این مرکز مالی به‌عنوان یک‌نهاد خصوصی سرمایه‌گذاری در صنعت، مسکن، انرژی‌های تجدید پذیر، کشاورزی و غیره را در مقیاس کوچک محلی عملی می‌کند.

این مرکز توسط سرمایه‌گذاران کوچک و شهروندان کارآفرین محلی تشکیل، مدیریت و کنترل می‌شود. این مدل اقتصادی برعکس بازار آزاد، مجازی و خیالی نیست بلکه یک مالکیت واقعی، عینی، نزدیک و در دسترس است. هدف مرکز مالی شهروندان ایجاد آسایش فکری اقتصادی برای افراد است تا نگران از دست دادن پس‌انداز خود نباشند. دفتر مرکز مالی شهروندان به‌عنوان یک مداربسته اقتصادی به‌صورت محلی تنظیم می‌شود. به‌هیچ‌وجه، این امر نباید به ابزاری برای حمایت انحصاری و جدا از اقتصاد کلی کشور تلقی شود.

شهروندان این مرکز مالی محلی را به‌طور شورایی مدیریت و اداره خواهند کرد. فعالیت‌های این مرکز شامل خدمات اجتماعی و خدمات مالی هستند. شهروندان با مشارکت مستقیم در سرمایه‌گذاری و مدیریت اقتصادی از نظر

اجتماعی نیز به همدیگر نزدیک می‌شوند. علاوه بر حقوق ثابت و درآمدهای شغلی فردی سرمایه‌گذاری در این مرکز مالی درآمد فوق‌العاده‌ای را برای شهروندان تولید می‌کند، هم‌زمان اقتصاد محلی را رونق داده و نرخ بیکاری را کاهش می‌دهد. در شهرهای بزرگ، به خاطر کنترل و مدیریت صحیح، این مدل با تقسیم شهر به محله‌ها با جمعیت محدود اعمال می‌شود

به‌عنوان یک قاعده، این مرکز نباید در سرمایه‌گذاری مشترک با یک بانک، شرکت بیمه یا هر موسسه مالی دیگر شرکت کند، اما سرمایه‌گذاری مشترک بین دو مرکز شهروندی در شهرها گزینه‌ای منطقی است. برای استحکام مراکز مالی شهروندان مشارکت سرمایه‌های صندوق‌های مالی سازمان‌های کارگری و صنفی سیاسی امری ضروری است. کنترل و بازنگری حساب‌ها به‌صورت دوره‌ای توسط کمیته انتخابی شهروندان مدیریت می‌گردد. این امر برای جلوگیری از تقلب و فساد و راهکاری برای شفافیت فعالیت‌های این مرکز مالی است. هر خرید در این مرکز یک سرمایه‌گذاری خصوصی فردی در مقادیر اندک است. وجود یک بانک دولتی در کشور ضامن و پشتیبان مراکز مالی شهروندان خواهد بود. درصورتی‌که پول جمع‌آوری شده توسط شهروندان برای یک خرید قابل‌توجه و بزرگ کافی نباشد، این مرکز، باید امکان وام گرفتن از بانک دولتی را داشته باشد. با به وجود آوردن یک بانک، ایده پروژه‌های نوآورانه شناسایی و سرمایه‌گذاری می‌شوند. این سرمایه‌گذاری باعث افزایش کار برای جوانان و مانع مهاجرت آن‌ها به شهرهای بزرگ‌تر می‌شود.

اقتصاد یک کشور مشابه اقتصاد یک خانواده است؛ باید باقدرت خرید سنجیده شود و نه با مقدار حجم پولی آن. وقتی درآمد نیازهای خانواده را برآورده نمی‌کند، یعنی دَخل خانواده به خرجش نمی‌رسد، اقتصاد دچار کسری بودجه است. وقتی درآمد ملزومات را پوشش بدهد و به یک نقطه راحتی با پس‌انداز کافی برای هزینه‌های متغیر برسد، اقتصاد متعادل است. وقتی درآمد از ناحیه راحتی عبور می‌کند به مازاد احتیاج می‌رسد، با این مازاد چه می‌توانیم بکنیم؟

آیا می‌توان آن را به وجدان و اخلاق خانواده واگذار کرد یا قانون می‌تواند آن را برای توزیع مجدد تنظیم کند؟ هیچ‌کدام از این دو روش به‌تنهایی نمی‌تواند راه‌حل باشد، بلکه ترکیبی از هردو الزامی است. ایجاد یک جامعه سالم تنها از راه رشد اقتصادی امکان‌پذیر نیست، باید هم‌زمان افت اخلاقی شهروندان را بازسازی کرد.

حکومت شهروندان با ایجاد یک دموکراسی راستین فضایی امن، شفاف و مطمئن برای سرمایه‌گذاران داخلی و خارجی به وجود می‌آورد.

سیستم مالیاتی

شرکت‌ها برای سودآوری ایجاد می‌شوند: دو عنصر اصلی **سرمایه و نیروی کاری** هستند که ارزش اضافی را تولید می‌کنند. باید پرداخت مالیات بر کار، و مالیات بر سود را از یکدیگر جدا کرد. سیستم بازار آزاد ثبت‌نام شرکت و قوانین مالیاتی مربوط به آن را آن‌قدر آسان کرده که تبدیل به ابزاری قانونی برای تقلب‌های مالیاتی شده است. شرکت‌ها صدها راه فرار مالیاتی دارند برخی از راه قانونی و برخی نیمه قانونی. به همین دلیل نخبگان ورزشی، موسیقی، فیلم سازان، بازیگران و غیره مالیات کاری خود را بنام سودآوری یک شرکت اعلام کرده و از پرداخت مالیات واقعی خود فرار می‌کنند. در عوض کارمندان دولتی، معلمان، پزشکان، ارتشیان و همه افرادی که حقوق ماهیانه دارند مالیات خود را به‌طور شفاف پرداخت می‌کنند و به‌هیچ‌وجه امکان تقلب در آن وجود ندارد. در سیستم مالیاتی "حکومت شهروندان" دو نوع مالیات وجود دارد، مالیات بر کار و مالیات بر سود، این دو به‌طور مستقیم و بدون تعامل با همدیگر قابل پرداخت هستند. مالیات‌های غیرمستقیم ناعادلانه‌اند چون خانواده‌های کم‌درآمد که فرزندان بیشتری دارند نسبت به افراد ثروتمند هزینه بیشتری برای غذا، پوشاک، بهداشت و سایر موارد ضروری پرداخت می‌کنند. سیستم مالیاتی حکومت شهروندان تا حد امکان مالیات غیرمستقیم را کاهش خواهد

داد علت تقلب و فساد مالی، نهفته در حرص آدمهاست و بدترین مجازات برای متقلبین، بازگشت پولهای کلاهبرداری شده بعلاوه پرداخت یک جریمه نقدی به خزانه دولتی است. از این طریق هزینه نیروهای انتظامی، دادگاهها و زندانها را کم کرده و با وجوه بازیافتی شغلهای بیشتری در جمعآوری مالیاتها ایجاد میشود. به اشکال و روشهای گوناگون، ما آدمها همه دزد هستیم، پیشگیری و رفع کلی دزدیها غیرممکن است. کسانی که به دلیل نیاز رو به دزدی میآورند دزد نیستند. سارقان واقعی کسانی هستند که بدون هیچگونه نیاز دزدی میکنند.

اقتصاد بازار آزاد

سیستم کاپیتالیست بازار آزاد با ایجاد مالکیت مجازی و تخیلی در بانکها و سایر مؤسسات مالی با وعده دروغین سودآوری مردم را فریب میدهد تا اندک پساندازشان را به کام خود بکشد. مؤسسات مالی محصولات خود را به دودسته تقسیم کردهاند: "محصولات" با سود ثابت و"محصولات" با سود نوسانی. با سرمایهگذاری در هرکدام از این "محصولات" سرمایه کوچک همیشه بازنده است. سود سرمایهگذاری در"محصولات" با سود ثابت را تورم نوش جان میکند و"محصولات" با سود نوسانی از بورسهای نیویورک، لندن، توکیو سایر پایتختهای مالی سر درمیآورند که غولهای سرمایه گرداننده آنها هستند.

سود سرمایههای کوچک در بورسهای جهانی به مزاج رهبران کشورهای سرمایهداری بهویژه رئیسجمهور آمریکا بستگی دارد. اگر از اسهال بیمار شوند، بازار بورس هم بلافاصله خودش را خراب میکند و نرخ آن ۲۰ تا ۳۰ درصد پایین میآید. اگر صاحبان سرمایههای کوچک بهاندازه کافی خوششانس باشند

و رهبران بازار آزاد به یبوست دچار شوند، بازار بورس نیز تب می‌کند و به لرزه می‌افتند و نرخ آن ۱۵ تا ۲۰ درصد پایین می‌آید. درنتیجه سرمایه‌گذاران کوچک وحشت کرده و سهام خود را می‌فروشند. آیا می‌دانند خریداران این سهام چه کسانی هستند؟ خریدار سهام آن‌ها سرمایه بزرگی است که سرمایه کوچک را می‌بلعد، نوش جان کرده و فربه‌تر می‌شود.

در معاملات بورسی سرمایه کوچک نه‌تنها امکان سودآوری ندارد، بلکه بخشی از خود سرمایه نیز از دست می‌رود، بعلاوه هزینه‌های کمیسیون، بیمه و نگهداری از حساب بانکی. مدتی طولانی است که هزینه نگهداری حساب بانکی برایم معمایی شده است، چرا یک شماره‌حساب باید هزینه نگهداری داشته باشد؟ چگونه بانک‌ها نگهداری از شماره‌حساب‌ها را مدیریت می‌کنند؟ یک حساب بانکی نه یک اتومبیل است و نه یک‌خانه، چرا نیاز به نگهداری دارد؟ مگر نه اینکه یک حساب بانکی اعدادی بی‌تحرک ثبت‌شده در یک کامپیوتر لعنتی است؟ بانک‌ها برای سودآوری بیشتر تعداد کارکنان خود را کمتر می‌کنند چون به‌وسیله یک سامانه مردم را به‌عنوان برده‌های بی‌مزد مجبور کرده تا همه کارهای بانکی خود را به گردن بگیرند.

مدافعان لیبرالیسم ادعا می‌کنند که اقتصاد بازار آزاد به یک سیستم رهائی‌بخش مردم از فقر در سراسر جهان تبدیل‌شده است. این مدافعان بی‌شرمانه از طریق نمودارها و آمارهای دروغین، مردم را فریب می‌دهند. آن‌ها اقتصاد بازار آزاد را عامل افزایش قابل‌توجه تعداد صاحب‌خانه‌های خصوصی می‌دانند. مدافعان لیبرالیسم کاملاً آگاه هستند که صاحبان واقعی این خانه‌ها چه کسانی هستند. این خانه‌ها از طریق وام‌های بانکی و سایر صندوق‌های مالی خریداری می‌شوند. این به‌اصطلاح صاحب‌خانه‌ها بین سی تا پنجاه سال در زیر بار سودهای غیرمنطقی تحمیلی مؤسسات مالی جان می‌کنند. آن‌ها نه‌تنها صاحب اصلی خانه نیستند بلکه در بردگی بانک‌ها عمر خود را می‌بازند. این افراد در صورت

از دست دادن شغل خود با ترس سلب حق اقامت از طرف بانک‌ها روزهایشان را به سر می‌برند.

مالکیت واقعی خانه به زمانی برمی‌گردد که مردم برای ساخت خانه‌های خود پس‌انداز کافی داشتند. در حقیقت، با خصوصی‌سازی مسکن‌های عمومی در بسیاری از کشورها، صندوق‌های پولی موجب بی‌خانمانی بسیاری از خانواده‌ها شده‌اند.

مدافعان لیبرالیسم ادعا می‌کنند که تعداد افرادی که در دانشگاه‌ها تحصیل می‌کنند افزایش یافته است. خوب، با نشان دادن نمودارها و منحنی‌های پیش‌ساخته، به نظر می‌رسد که درست می‌گویند. در پشت این نمودارها و منحنی‌ها توضیحی وجود ندارد که هزینه این تحصیلات چقدر است و از کجا می‌آید؟ با خصوصی‌سازی آموزش‌وپرورش، در بسیاری از کشورها هزینه تحصیل در دانشگاه‌ها به چیزی بین چهل تا پنجاه‌هزار دلار در سال رسیده است. باز هم باید از بازار آزاد تشکر کنیم، که دانش آموزان می‌توانند این پول را از بانک‌ها وام بگیرند و به خودشان اجازه دهند تا برای یک عمر برده‌های پیش خرید آن‌ها باشند. صدها ادعای بیهوده دیگر از لیبرال‌ها وجود دارد که نشانگر حرص و استثمار غیرانسانی بازار آزاد است.

ادعای دیگر طرفداران لیبرالیسم این است که بازار آزاد در قرن گذشته فقر در دنیا را به‌طور فاحشی تقلیل داده است. انباشت ثروت در دو قرن گذشته دستاورد بازار آزاد نیست. دلیل انباشت ثروت استثمار کارگران، زحمت کشان و غارت منابع طبیعی زمین بوده است. لیبرال‌ها مثال جالبی برای باز توزیع ثروت دارند. آن‌ها می‌گویند: وقتی‌که کیک بزرگ‌تر می‌شود، سهم همه بیشتر می‌شود اما نمی‌گویند چه کسانی بزرگ‌ترین قسمت کیک را به غارت می‌برند و می‌خورند. جواب آن‌ها برای میلیاردها نفری که از این کیک سهمی ندارند و در فقر زندگی می‌کنند چه خواهد بود؟

مدافعان بازار آزاد معتقدند که اقتصاد بازار به‌خودی‌خود قوانین آن را تنظیم می‌کند و دولت‌ها نباید در تدوین قوانین آن دخالت داشته باشند. فرض کنیم که یک گربه دارید، و به آن دل‌بسته هستید و جزئی از زندگی شما شده، هم‌زمان فکر می‌کنید که او را شناخته‌اید می‌توانید به رفتار او اعتماد کنید. یک روز مجبور می‌شوید که به ملاقات مادر پیر خود که به گربه حساسیت دارد بروی. البته اگر به خاطر ارث قصد کشتن مادر پیرت را نداشته باشی گربه را با خود نمی‌بری. از نظر منطقی درحالی‌که دور هستید، باید غذای کافی برای او تهیه کنید تا وقتی‌که برگردید. بگذارید بگوییم، مصرفی به مدت سه روز. پس از بازگشت خود البته منهای به کشت دادن مادر پیرت، می‌بینی که گربه شما مرده است. مرگ گربه باعث ناراحتی شما می‌شود ولی نمی‌دانی که چرا او دار فانی را وداع گفته و تو را عزادار کرده ، هر چه فکر می‌کنی علت مرگش را نمی‌توانی پیدا کنی. دلیل مرگ گربه شما آن است که عملکرد بازار آزاد را در پیش‌گرفته بود. قرار بود که گربه شما مقدار غذای لازم را خودش تنظیم کند و آن را در رابطه با احتیاجش به مصرف برساند، اما همان روز اول از حرص همه غذا را خورد و خودش را تا حد مرگ خفه کرد. اگر گربه مال یک کمونیست بود بجای عزاداری جشن می‌گرفت. گربه لعنتی و احمق شما به خاطر حرص بی‌نهایت نه‌تنها همه غذا را خورد بلکه به موش‌های خانه هم رحم نکرد.

مثلث تخریب

انسان‌ها به دلایل گوناگون ازجمله جنسیت، نژاد، محل تولد، استعداد، فرهنگ، خانواده، مذهب و ده‌ها فاکتور دیگر متفاوت هستند. وجه مشترک آن‌ها در تحمیل طبیعت بر آن‌ها است برای زنده ماندن، تولیدمثل کردن و تلاش برای

دستیابی به یک زندگی ایده آل. نگرش انسان‌ها نسبت به زندگی ایده آل نیز متفاوت است.

ظهور ادیان را می‌توان گشودن راهی برای دستیابی به زندگی ایده‌آل دانست. بنیان‌گذاران مذاهب آگاهی درستی از ماهیت بشر نداشتند و زندگی ایده‌آل را نه در زمین بلکه در آسمان‌ها وعده دادند. انسان به‌عنوان جانداری هوشمند نقد خود را به نسیه نمی‌دهد. انسان‌ها برای ساختار بهشت خود در زمین به ابداع سیستم‌های گوناگون دست زدند، ایسم‌های زیادی را بنا نهادند و تجربه کردند. انسان‌ها به علت عدم شناخت کافی از ماهیت خود همواره از چاله در می‌آیند و به چاه می‌افتند، جنبش‌های انسانی برای رسیدن به یک زندگی دلخواه همه درنهایت به دیکتاتورهای گوناگون به اشکال مختلف ختم شده‌اند؛ دیکتاتوری‌های مذهبی، ایدئولوژیک و اخیراً نوعی غول‌آسا به نام "جهانی‌سازی سرمایه" که ماحصل تمام دیکتاتوری‌های شناخته‌شده است. ازآنجایی‌که همه حکومت‌ها به دیکتاتوری ختم می‌شوند، "حکومت شهروندان" بنایی نو در رویکرد نظام حکومتی ارائه می‌کند که ارزش تجربه کردن دارد. حاکمیتی متناسب با خصلت‌های انسانی در حصار یک مثلث، متشکل از سه زاویه ترس، حرص و قدرت؛ سه مرض کم علاج انسان، خواه آن‌ها را ذاتی بدانید خواه اکتسابی. تفسیر فلسفی و روان‌شناختی آن‌ها در این مثلث راه به‌جایی نخواهد برد.

برای درک صحیح از مثلث تخریب، باید آن را مانند جامعه‌ای دانست که قدرت، ترس و حرص اجزای تشکیل‌دهنده و جدایی‌ناپذیر آن است. در هر مثلث معین، جمع هر سه زاویه ۱۸۰ درجه است، با افزایش یکی از زوایا دو زاویه دیگر برای حفظ ۱۸۰ درجه به همین نسبت کمتر می‌شوند. اگر زاویه قدرت افزایش یابد، درنتیجه، گوشه‌های حرص و ترس کاهش می‌یابند. بعد از افزایش زاویه قدرت نباید آن را متمرکز رها کرد. زاویه قدرت را باید به‌طور صحیح در کسرهای متغیر در تضاد با یکدیگر برنامه‌ریزی کرد. مثلث تخریب

به یک معادله چند مجهولی می‌ماند که حل کردن آن به‌طور دقیق بسیار ساده نیست و باید به جواب نسبی آن بسنده کرد .با رسیدن به یک جواب نسبی می‌توان فرمول مسکن را برای تسکین امراض کم علاج انسان ابداً کرد. تا زمانی که علت بیماری مشخص نشود درمان آن امکان‌پذیر نیست.

هیرارکی[۱] یا سلسله‌مراتب، سیستمی که در یک مثلث افراد یا گروه‌ها به‌طور عمودی بر حسب موقعیت یا اختیار یکی بالاتر از دیگری قرار می‌گیرند. بااین‌حال، ساختارهای خطی نیز وجود دارند اما در روابط اجتماعی آدم‌ها کاربردی ندارند. سلسله‌مراتب به روشی طبیعی در حیوانات از جمله انسان‌ها شکل می‌گیرند. ویژگی‌های حیوانی اغلب از پیش تعیین‌شده‌اند، اما در جوامع بشری، سلسله‌مراتب به روشی مهندسی شده شکل می‌گیرد.
از دیدگاه عموم مردم تجسم رهبری به معنای قدرت است. رهبری خواه در سیستم‌های دموکراسی یا اتوکراسی در یک عملکرد عمودی تقریباً با هم به‌طور مشابه عمل می‌کنند. اختلاف این دو سیستم در بلند یا کوتاه بودن این خط عمودی در مثلث قدرت است. قدرت عمودی شرکت‌کنندگان در جعبه رهبری در روبنای دموکراسی تصویر تیمی و در اتوکراسی نمودار تصویر فردی از رهبری است. در این نوع هیرارکی شرکت مستقیم شهروندان در تقسیم قدرت سیاسی بسیار ناچیز است. هدف از ایجاد حکومت شهروندان وارونه کردن هرم قدرت در هیرارکی تحمیلی سیستم‌های گذشته می‌باشد.

قدرت

زاویه قدرت در مثلث تخریب نقش تعیین‌کننده‌ای را دارد. در هر حال، زمان و مکان تأثیری بر ماهیت آن ندارد. قدرت را می‌توان به قدرت متمرکز و

---

[۱] Hierarchy

قدرت متغیر تقسیم کرد. قدرت متمرکز زمانی است که تمامی آن در دست یک فرد، یک مذهب، یک ایدئولوژی، یک گروه قومی و یا یک کشورقراردارد. باوجود قدرت متمرکز، تنش، درگیری و ناهماهنگی در جوامع انسانی اجتناب‌ناپذیر است.

قدرت متغیر: قدرتی تقسیم‌شده به فراکسیون‌های متناسب است که افراد برای دستیابی به خواسته‌ای خود در بخش‌های متنوع آن با همدیگر رقابت می‌کنند. چالش‌های سالم در قدرت متغیر اجازه نمی‌دهد که قدرتی متمرکز ایجاد شود، درنتیجه هماهنگی نسبی به وجود می‌آید.

در مورد توانائی انسان در حل مسائل شکی نیست به جز علاج مرگ، البته آن هم تاکنون. آدم‌ها به خاطر دستیابی به زندگی ایده آل دست به انقلاب‌های گوناگونی زده‌اند. برجسته‌ترین آن‌ها انقلاب فرانسه برای آزادی، برادری و برابری است. انقلاب روسیه از طریق دکترین مارکس بار دیگر برای دستیابی به همان آرمان‌ها؛ هر دو انقلاب با موفقیت به انجام رسیدند، اما چرا نتیجه آن‌ها دوام چندانی نداشت؟ در طی هر انقلاب، مردم به خاطر دستیابی به یک هدف مشترک به همدیگر نزدیک و متحد می‌شوند. وقتی‌که انقلاب پیروز می‌شود تب انقلابی آن فروکش می‌کند و مردم به زندگی روزمره خود بازمی‌گردند.

جایگزینی یک سیستم با دیگری باعث تغییر ماهیت انسان نمی‌شود. آزادی، برادری و برابری در جامعه فرانسه کجاست؟ چه اتفاقی برای انقلاب روسیه افتاد؟ چه آفتی ریشه انقلاب ایران را خشک کرد؟ خواست برابری مطلق برای همه افراد با شناخت از ماهیت انسان حماقت محض است.

ترس

دومین زاویه مثلث تخریب ترس است. زمانی که آدم در رحم مادر است احساس امنیت دارد، بدون هیچ کوشش و زحمتی به‌طور خودکار از خون مادر تغذیه کرده و بدن مادر مانند ژنراتور دمای لازم را برای او مهیا می‌کند. دنیای کوچک خود را در محدوده رحم مادر می‌شناسد و بدون هیچ دغدغهٔ خاطری در آن استخر کوچک سرپوشیده شناور است.

وقتی‌که نوزاد از رحم مادر بیرون می‌آید خود را در دنیایی تازه و ناشناخته می‌بیند. عدم شناخت از این دنیای نوین باعث وحشت او می‌شود. در همین لحظه است که ترس را می‌شناسد؛ ترسی که در تمام زندگی با او همراه خواهد ماند، ترس از گرسنگی، ترس از حوادث طبیعی، ترس از حیوانات دیگر، ترس از آدم‌های دیگر، ترس از جنگ، ترس از شکست، ترس از جهنم و در پایان ترس از مرگ و ورود به دنیایی دیگر که از شناخت آن درمانده است. ساخت سلاح‌های مدرن، به‌ویژه سلاح‌های اتمی، نمونه‌ی دیگری از ترس آدم‌ها از یکدیگر هستند. توسعه این سلاح‌ها نه‌تنها به خاطر حفظ قدرت است بلکه ترس از دست دادن آن نیز می‌باشد.

سیاه پوست، سفیدپوست، سرخ‌پوست، زردپوست و قهوه‌ای همه از یکدیگر می‌ترسند چون در شناخت ماهیت ذاتی خود درمانده‌اند و ناآگاهانه به ترس جمعی دامن می‌زنند. این رنگ‌ها به درگیری احمقانه خود ادامه می‌دهند غافل از اینکه برتر از همه آن‌ها رنگ سبز است. دلار سبز خواه در دست سیاه‌پوست، سفید، سرخ، زرد یا قهوه‌ای پوست باشد قدرتش همه این رنگ‌ها را بی‌رنگ می‌کند.

نمونه بارز آن بی‌رنگ شدن پوست سیاهان آفریقای جنوبی است. همه بر این اعتقاد بودند که سفیدپوستان با نژادپرستی سیاه‌پوستان را استعمار کرده و در

فقر نگه‌داشته‌اند. بعد از سال‌ها مبارزه، سیاه‌پوستان به رهبری نلسون ماندلا موفق شدند تا نژادپرستی را براندازند. چرا سیاه‌پوستان با داشتن قدرت دولتی در دست خود مانند سفیدپوستان نژادپرست با یکدیگر رفتار می‌کنند؟ چرا عده‌ای از آن‌ها میلیونر شده‌اند و اکثریت هنوز در فقر بسر می‌برند؟ آیا این پدیده انکارناپذیر در آفریقای جنوبی نشانه واقعی و برآمده از ماهیت و خصلت‌های آدمی نیست؟

حرص

زاویه سوم مثلث تخریب، حرص است و به‌هیچ‌وجه ربطی به نوع تربیت خانوادگی، مذهب و یا ایدئولوژی ندارد. آدم‌ها به‌طور نسبی حریص هستند. راضی نبودن به داشتن چند خانه، چند ماشین، کشتی، هواپیمای خصوصی و ثروتی پایان‌ناپذیر را چه باید نام نهاد؟ نظریه مثلث تخریب را ویروسی بنام کوید ۱۹ در عمل به اثبات رساند. این ویروس باقدرت مرگ آفرینش ترسی را در دنیا به وجود آورد که همه مردم را در خانه‌هایشان زندانی کرد و حرص آدم‌ها در خالی کردن انباره‌ای دنیا را به اوج خود رساند و عدم اخلاق جوامع ثروتمند را در تقسیم نکردن واکسن آن با دیگران را نشان داد.

مثال واضح حرص در آدم‌ها مذهب یهودیت است. پیروان این دین خود را مردم انتخاب‌شده خداوند می‌دانند و حدود پانزده میلیون نفر هستند. بدون هیچ‌گونه اغراق پانزده تا بیست درصد از کل ثروت جهان را در دست دارند. سؤال این است که چرا این ثروت را به‌طور برادر وارونه به اشتراک نمی‌گذارند؟ چرا بسیاری از یهودیان هنوز ندار هستند؟ آیا این عوارض یک بیماری به نام حرص در آدم‌ها را نمی‌رساند؟

کسانی که مثلث تخریب را باور ندارند می‌توانند برای یک خودآزمایی به دادگاه وجدانشان مراجعه کنند، چنانچه علائم ترس، حرص و اشتیاق به قدرت را در خود پیدا نکردند، یا فرشته آسمانی هستند و یا در سیاره‌ای بسیار دور از زمین زندگی می‌کنند.
نظریات کاربردی در رابطه با حل معضلات جامعه انسانی را می‌توان به سه گروه تقسیم کرد. گروهی که راه‌حل را در مذهب می‌دانند، گروه دیگر که حل این معضلات را در ایدئولوژی و گروه سومی هم هستند که ترکیبی از این دو را راه‌حل می‌دانند. این گروه‌ها همیشه در حال تغییر و تحول و جابجایی هستند اما در یک روش اشتراک نظر دارند و آن اینکه هیچ‌گونه راه‌حل دیگری را خارج از این چارچوب‌ها ممکن نمی‌دانند. چنانچه نظریه نوینی برای حل معضلات جامعه انسانی پیشنهاد شود به آن برچسب‌های گوناگون زده و شدیداً با آن می‌جنگند. اعضای این گروها برای مدتی طولانی بر حقانیت نظریه گروهی خود اصرار می‌ورزند تا زمانی که عدم کاربرد آن را در عمل تجربه کنند.

جمهوری خواهان آمریکا و سایر کشورها که به جدایی قدرت‌ها و دموکراسی معتقد بودند بعد از تجربه آن به این نتیجه رسیده‌اند که قدرت در دست یک فرد اتوکرات کاربرد بیشتری دارد. کودتای نافرجام دونالد ترامپ رئیس‌جمهور آمریکا و طرفدارانش در حمله به مجلس قانون‌گذاران آمریکا نشانه آن است.
طرفداران قدیم سیستم شاهنشاهی جمهوری می‌خواهند. کمونیست‌های قدیمی سوسیال‌دموکراسی خواه شده‌اند. سوسیال‌دموکرات‌ها لیبرال شده‌اند. مردم شوروی و اقمار آن از کرده خود پشیمان شده و آرزو دارند که به کمونیست برگردند. قبیله‌ها به دنبال دموکراسی هستند، دموکراسی‌داران قبیله‌ای برخورد می‌کنند. احزاب سیاسی به فمینیست پناه برده و نمایندگی مساوات زن و مرد را به عهده گرفته‌اند تا با این ابزار به قدرت برسند.

دولت‌های اروپایی آن‌قدر به زنان قدرت داده‌اند که مردان را از حق مساوات با آن‌ها محروم کرده‌اند در عوض حکومت‌های مذهبی حق چندانی برای زنان قائل نیستند. دولت‌های اروپایی امنیت را در سایه دموکراسی به پیش می‌برند تا جایی که انسان‌ها را به اعدادی تبدیل کرده در کامپیوترهای خود محبوس کرده‌اند، درحالی‌که ادعامنداند که زندانی سیاسی ندارند.

حکومت‌های دیکتاتوری معترضین سیاسی را در زندان‌ها به رگبار می‌بندند و آن‌ها را به‌عنوان دشمنان ملت معرفی می‌کنند. در قرن بیست و یکم حکومت‌ها زیر نفوذ قدرت مالی اقتصاد بازار آزاد عمل می‌کنند.

در این نوع سیستم اقتصادی حکومت‌ها با هر اسمی نقش کارگزاران آن را ایفا می‌کنند، خواه قدرت سیاسی در دست عمامه دار، جین پوش، کراواتی، پاپیونی یا ارتشیان باشد. انسان به‌عنوان حیوانی هوشمند، متفکر و ناطق تا چه زمانی می‌خواهد در شناخت سیستمی که در آن زندگی می‌کند درمانده باشد؟

چگونه باید با سرمایه‌داری افسارگسیخته مبارزه کرد؟

در طول تاریخ، بسیاری از حکومت‌ها آمده‌اند و رفته‌اند اما خصلت ذاتی انسان‌ها همان است که بود. در آن زمان هم، مردم هرگز فکر نمی‌کردند که یک جایگزین برای آن حکومت‌ها امکان‌پذیر باشد. طبیعت ذاتی انسان در ترس این نوع افکار را به وجود آورده و تقویت کرده است. امروزه، همان ماهیت انسانی، باعث شده تا تصور شود که نظام بازار آزاد برای همیشه حکومت می‌کند و ادامه خواهد داشت. این نوع افکار با تجربیات تاریخی در مغایرت هستند. امپراتوری پارس‌ها، رومی‌ها، اسپانیایی‌ها، انگلیسی‌ها، فرانسوی‌ها و صدها امپراتوری دیگر کجا هستند؟

برای بشریت دو گزینه روی میز وجود دارد؛ بگذارد که سیستم سرمایه‌داری به روش بازار آزاد ادامه یابد تا بحران بعدی خود را با جنگ جهانی سوم حل کند،

یا اینکه برای جلوگیری از جنگ مبارزه‌ای مسالمت‌آمیز را برعلیه نظام سرمایه‌داری برنامه‌ریزی کند.

باوجود آمدن ابزارهای نوین در تکنولوژی، به‌ویژه اینترنت، پیروزی بر سرمایه‌داری به‌مراتب ساده‌تر شده و زمان کمتری می‌خواهد. دلیل این امر و اعتقاد به آن، سوارشدن سرمایه‌داری بر قطار اشتباهی اقتصاد بازار آزاد است. این سیستم ابزارهایی را در درون خود تولید کرده که با کاربرد درست آن‌ها می‌توان این قطار را به یک ایستگاه بن‌بست کشاند. فروپاشی سیستم اقتصادی بازار آزاد با به‌کارگیری ابزارهای درونی آن امری شدنی است. عدم شناخت مردم از این ابزارها شکست این سیستم را به امری ناممکن در ذهنیت آن‌ها ترسیم کرده است.

بازار آزاد از طریق بورس‌های بادبادکی توسط بانک‌ها، شرکت‌های بیمه و سایر مؤسسات مالی و ارتباط تنگاتنگ آن‌ها با شرکت‌های بزرگ فراملیتی اداره می‌شود. خانه بازار آزاد بر روی ستون‌های این ملغمه شیطانی و بی‌اخلاق ساخته‌شده است. مبارزه باید در راستای تضعیف این ستون‌ها سازمان‌دهی شود تا فروپاشی این خانه مجازی و شبح مانند را عملی کند.

سیستم مالی بازار آزاد با پیوندهای گوناگون به یک زنجیره بین‌المللی تبدیل‌شده است. حتی در "فقیرترین" کشورها، روزانه حلقه جدیدی به نام جهانی‌سازی سرمایه به این زنجیره اضافه می‌شود. با بکار برد درست ابزارهای عملی موجود در خود سیستم این زنجیره گسسته خواهد شد.

ساخت و بالا بردن یک آسمان‌خراش زمان زیادی می‌برد، اما فروپاشی آن در چند ساعت امکان‌پذیر است. ورشکسته کردن بازار آزاد به اتحاد میان شوراهای کارگری، کارمندی، صنفی، فعالان مدنی و دانشگاهیان بستگی دارد. این نوع اتحاد سابقه تاریخی دارد و هر وقت شکل‌گرفته است موفق بوده. راه‌حل‌های پیشنهادی در این مبارزه ممکن است پیچیده یا مشکل باشند، اما غیرممکن نیستند.

پیروزی در این مبارزه از راه مبارزات سیاسی و اقتصادی به‌طور هم‌زمان امکان‌پذیر است. خواسته یا ناخواسته مطالبات معیشتی اقتصادی به مطالبات سیاسی می‌انجامند. بانک‌ها و شرکت‌های بزرگ به پس‌اندازهای کوچک، درآمدها و مخارج روزمره مردم وابسته هستند. اقدام تعین کننده فروش سهام بورسی و برداشت نقدی از حساب‌های بانکی و بستن آن‌ها است. نقدینه برداشت‌شده می‌تواند به مرکز مالی شهروندان انتقال داده شود. نداشتن حساب‌های بانکی و کارت‌های اعتباری منجر به اختلال در پرداخت وام‌های گوناگون و فاکتورهای تحمیلی شرکت‌های بزرگ می‌شود و گردش نقدینه را کاهش می‌دهد.

شرط پیش‌فرض در گرفتن وام‌های بانکی و خریدهای قسطی سلاحی برنده است که در دسترس همه مردم می‌باشد. سیستم بانکی افرادی را که قدرت بازپرداخت وام‌هایشان را ندارند بنام بد حساب در لیست سیاه خود می‌گذارند. هرچه تعداد بیشتری از افراد به لیست سیاه بدهکاران اضافه می‌شوند قدرت مصرف آن‌ها در بازار آزاد محدودتر خواهد شد.

با بستن حساب بانکی، کارفرمایان مجبور می‌شوند که حقوق را به‌صورت نقدی پرداخت کنند. کسب‌های کوچک با عدم پذیرش کارت‌های بانکی می‌تواند خریداران را مجبور به پرداخت نقدی کند، در پایان این به نفع آن‌هاست چون از کمیسیون‌های غارتگرانه بانک‌ها رها می‌شوند. این اقدامات که میزان میلیاردی دارد از گردش پولی بانکی خارج شده و ضربه‌ای کاری را به پیکر آن‌ها وارد می‌آورد.

در تمام کشورها دادگاه‌ها در بررسی به میلیون‌ها پرونده مالی درمانده‌اند. با اضافه شدن میلیون‌ها پرونده از بدحسابان جدید چگونه می‌توانند به کار خود ادامه دهند؟

عقب انداختن خرید خانه‌های جدید، اتومبیل، تلفن، قایق، موتور، لوازم‌خانگی و غیره، برای یک مدت‌زمان محدود سلاحی برنده هستند. این اقدامات

فداکاری‌های قابل‌توجهی برای یک رفاه جمعی و زندگی بهتر نیستند، اما ابزارهایی عاقلانه برای پیروزی در این مبارزه می‌باشند. آیا نیروی امنیتی دولت می‌تواند با زور شهروندان را به خرید مجبور کند؟

غذاها و نوشیدنی‌های روزانه اکثر افراد و خانواده‌های کم‌درآمد توسط شرکت‌های زنجیره‌ای تولید می‌شوند که فقط به دنبال سودجویی هستند و به‌سلامت مصرف‌کنندگان اهمیتی نمی‌دهند. مصرف روزانه مواد غذایی و آشامیدنی در هر شهر به میلیون‌ها دلار می‌رسد، با تحریم شرکت‌های بزرگ زنجیره‌ای می‌توان آن‌ها را به زانو درآورد. اگر گوشت، میوه، سبزیجات، نان، ماهی و سایر محصولات تازه از سوپرمارکت‌های زنجیره‌ای خریداری نشود آیا آن‌ها می‌توانند برای مدتی طولانی چنین ضرری را متحمل شوند؟ در عوض با خرید این محصولات از فروشندگان کوچک غذایی تازه و سالم‌تر تهیه می‌شود و به رشد اقتصادی محلی کمک می‌کند. به جای خوردن غذاهای ناسالم در رستوران‌های زنجیره‌ای، می‌توان از غذاهای تازه و سالم رستوران‌های کوچک لذت برده و فرهنگ محلی خود را زنده نگه داشت و به اعتلای فرهنگ محلی خود کمک کرد.

تولیدکنندگان مارک‌های بزرگ لباس، کفش، کیف و غیره محصولات خود را با استثمار کارگران و کودکان کشورهای فقیر تولید می‌کنند. این محصولات از مواد مصنوعی و پلاستیکی ساخته می‌شوند که محیط‌زیست را به نابودی کشیده و سلامت آدم‌ها را به خطر انداخته‌اند. با تحریم این مارک‌های غارتگر می‌توان فروش آن‌ها را به حداقل رساند. با خلاقیت بیشتر و خودخواهی کمتر، پیروزی در این مبارزه علیه اقتصاد بازار آزاد امری شدنی است.

سیستم سرمایه‌داری زندگی مردم را به دست بانک‌ها سپرده است؛ بدون داشتن یک حساب و کارت بانکی زندگی غیرممکن است. وابستگی اجباری به حدی

پیش رفته است که بدون داشتن کارت بانکی توالت رفتن هم به مشکلی بزرگ تبدیل‌شده است.

باوجود نهاده‌ای مالی و بانکی سیستم اقتصادی بازار آزاد و تسلط آن بر سیاست هیچ‌کدام از معضلات جوامع کنونی حل نخواهد شد. این سیستم در طولانی مدت نمی‌تواند ضربه این اقدامات سازمان‌دهی شده را تحمل کند.

برای خنثی کردن این مبارزه سرمایه‌داری بازار آزاد طبق معمول از دروغ‌پردازی و ترفندهای همیشگی استفاده خواهد کرد. تشکیل کمیته‌های جوان و خبره در رسانه‌های اجتماعی برای مقابله با این ترفندها امری ضروری است. سیستم مالی شرکت‌های بزرگ و دولت‌ها بیشتر از طریق اینترنت و برنامه‌های آن کار می‌کند. ایجاد واحدهای متخصص در هک کردن برای مختل ساختن فعالیت‌های مالی و امنیتی سیستم اقدامی تعیین‌کننده است.